GUÍAS PRÁCTICAS DE JARDÍN

Las mejores PLANTAS *para el jardín*

ANNE SWITHINBANK

BLUME

Título original:
Best Plants

Traducción:
Eva Infiesta Sander

Revisión científica y técnica de la edición en lengua española:
Xavier Bellido Ojeda
Experto en jardinería
Asesor en plantaciones y reformas

Coordinación de la edición en lengua española:
Cristina Rodríguez Fischer

Primera edición en lengua española 2001

Av. Mare de Déu de Lorda, 20
08034 Barcelona
Tel. 93 205 40 00 Fax 93 205 14 41
E-mail: info@blume.net

I.S.B.N.: 84-8076-393-0
Depósito legal: B.41.575-2001
Impreso en Edigraf, S. A., Montmeló (Barcelona)

Contenido

INTRODUCCIÓN

CON MILES DE PLANTAS CULTIVADAS entre las que escoger, la selección de las realmente adecuadas para usted y su jardín representa un verdadero desafío. No solamente existen muchos tipos distintos de plantas, sino que dentro de una misma clase hay cientos, miles de variedades cultivadas. Esto puede hacer que una visita al centro de jardinería o el examen del catálogo de un vivero resulte bastante. En este libro se sugieren diferentes lugares y situaciones adecuadas para algunas de las plantas más conocidas o de mayor interés. La mayoría de ellas las he cultivado personalmente en algún momento de mi vida, y las que no, me encantaría tener la oportunidad de hacerlo.

Muchas de las plantas se escogen por impulso, algo que en un primer momento puede resultar muy emocionante pero que no siempre da buen resultado, ni siquiera en el jardín mejor planificado. La lectura de este libro le permitirá ser más selectivo en sus adquisiciones de plantas. No vaya con prisas y medite bien el papel que han de desempeñar en el jardín los próximos ejemplares que vaya a comprar. Por ejemplo, algunas plantas cobertoras del suelo podrían evitar el desarrollo de malas hierbas, una valla desnuda puede estar pidiendo a gritos una o dos trepadoras o, al final del verano, el jardín puede requerir una buena inyección de colorido. Busque en el apartado correspondiente, eche un vistazo a las plantas que hay en él y realice una lista con las especies que más le atraigan.

Durante la realización de este libro me he mudado de casa, dejando atrás mi querido jardín al que me he dedicado durante diez años. Aunque me siento bien preparada para el reto de crear un nuevo jardín en un lugar diferente del país, estoy ansiosa por consultar mi propio libro, no sólo para recuperar algunas de mis plantas favoritas más añoradas, sino también para aprovechar un lugar y un clima diferentes y probar con

◁ **ENCONTRARÁ** *un gran número de plantas en venta en su centro de jardinería, sin embargo hay algunas menos comunes que resultan bastante gratificantes como para pedirlas por correo a viveros especializados.*

◁ **ESCOJA SIEMPRE PLANTAS** *para situarlas en un lugar en particular, de modo que con el cuidado adecuado pueda disfrutar de un paisaje colorido todos los veranos.*

otras nuevas. Tendré que realizar algunas sustituciones y seguramente haré una o dos compras impulsivas, cosa que todo el mundo debería hacer para conservar algo de su propia personalidad. Sin embargo, evitaré comprar plantas para las cuales no disponga de suficiente espacio, ya que acabarían masificadas en tiestos demasiado pequeños, con lo que necesitarían una gran cantidad de riego, abono y cultivo.

En muchos sentidos, la investigación llevada a cabo y la redacción de este libro han sido una verdadera satisfacción, ya que me han permitido confeccionar una lista de plantas totalmente personal. Pero al mismo tiempo me he tomado muy en serio la responsabilidad de decidir qué plantas incluir y cuáles no.

Todas las descripciones de las plantas vienen acompañadas de símbolos, algunos de los cuales hacen referencia a su resistencia. Las que tienen tres estrellas (❄❄❄) son plantas suficientemente resistentes como para tolerar temperaturas de hasta -15 ºC. Las que llevan dos estrellas (❄❄) pueden describirse como resistentes a las heladas y aguantar temperaturas de hasta -5 ºC. Una estrella (❄) indica que se trata de plantas bastante resistentes, que raramente superan temperaturas inferiores a los 0 ºC. Las pocas plantas sensibles incluidas en este libro no llevan ninguna estrella, pero sí se ha especificado en cada caso la temperatura mínima que pueden soportar. Los símbolos de las hojas indican si la planta en cuestión es caducifolia o perennifolia. Algunas especies llevan un símbolo con forma de copa al lado de su nombre (🏆), que indica que han recibido el galardón del Mérito de Jardinería de la Royal Horticultural Society. Para conseguirlo, las plantas han de ser excelentes para su uso en el jardín, fáciles de cuidar, muy asequibles, de buena constitución y resistentes a las plagas y las enfermedades.

Anne Swithinbank

En la edición en lengua española se han incluido los nombres comunes de las especies en castellano, catalán (c), euskera (e) y gallego (g).

Árboles para jardines pequeños

Acer japonicum «Aconitifolium»

Cuando el espacio sea reducido, lo mejor es escoger árboles con el mayor número posible de cualidades, por ejemplo, que florezca en primavera, que posea hermosos y coloridos frutos, una bella coloración otoñal, un precioso follaje y una atractiva corteza. Árboles como los abedules son muy buenos candidatos, ya que, a pesar de su altura, proyectan una sombra relativamente pequeña.

Acer japonicum «Aconitifolium»
Arce; C: auró; E: astigar
A/E 3 m
Esta preciosa variedad cultivada presenta hojas de forma redondeada, profundamente lobuladas y con el margen dentado. En primavera, las jóvenes hojas de color verde lima acompañan los grupos de pequeñas flores rojas, que en verano se transforman en vainas claras. Sus tonalidades otoñales son de un rico carmesí. Proporcione a todos los arces un suelo húmedo pero bien drenado en un lugar resguardado, ya que les disgusta el suelo empapado y la exposición al viento.

Amelanchier lamarckii
Cornijuelo, guillomo; C: corner; E: erangurbea
A/E 8 m
Sus delicadas flores blancas primaverales contrastan bellamente con las jóvenes hojas argénteas con tintes cobrizos. Las flores se convierten en frutos negros y las hojas se tornan anaranjadas en otoño. Para estimular una forma arbórea, compre la planta formada en arbolito o bien seleccione uno o más tallos principales y pode los restantes. Plántelo en un suelo bien drenado y libre de calcio.

Betula albosinensis var. *septentrionalis*
Abedul
A 18 m **E** 6 m
Aunque altos, la mayoría de los abedules son esbeltos y sus delicadas hojas proyectan una sombra escasa. Aquellos que posean un tronco bonito constituirán una fuente de placer para los jardines pequeños durante todo el año. Este selecto abedul chino presenta una corteza de un rico colorido rosa anaranjado que se desprende en placas, lo que descubre la pálida y satinada corteza joven de debajo. También presenta amentos primaverales y hojas amarillas en otoño.

Amelanchier lamarckii

Prunus serrula

Cornus controversa «Variegata»
Cornejo variegado
A/E 6 m
Aunque de crecimiento lento, es un pequeño árbol que vale la pena cultivar por su precioso follaje. Sus ramas, dispuestas en pisos, soportan hojas lanceoladas con márgenes irregulares. A principios de verano aparecen diminutas flores blancas que se agrupan en grandes inflorescencias aplanadas, y que más tarde se convierten en frutos de una tonalidad negra azulada. Plántelo en un suelo neutro o ácido, rico en humus y a resguardo de las heladas primaverales.

Genista aetnensis
A/E 8 m
Pocos árboles de flor igualan el despliegue de las fragantes flores amarillas papilionadas que esta alta retama produce a principios del verano. Los tallos colgantes de color verde brillante y carentes de hojas también resultan atractivos. Escoja un suelo bien drenado y resguardado, ya que el viento acortará la vida de la planta. Puede tolerar suelos pobres, pedregosos y con tendencia a la sequedad.

Malus floribunda
Manzano japonés; C: pomera japonesa; E: sagarrondoa; G: maceira
A/E 10 m
En el momento en que su fugaz exposición de yemas rojizas se abre para dar paso a unas inflorescencias rosa pálido, se convierte, sin duda, en el más llamativo de los manzanos. Los pequeños frutos son muy limpios. Escoja *M.* x *robusta* «Red Sentinel» para obtener flores blancas y frutos rojos, que perdurarán hasta mediados del invierno.

Prunus serrula
A/E 6–10 m
Uno de mis árboles preferidos, es una especie ideal para prados si puede situarse en un lugar soleado durante el invierno.

Eucalyptus pauciflora subsp. *niphophila*

△ **MALUS FLORIBUNDA** *Las extensas ramas de este pequeño árbol están cubiertas por una riqueza tal de floración primaveral que incluso las hojas emergentes casi desaparecen de la vista.*

Su corteza de tonalidad marrón rojiza, que se despelleja constantemente dejando ver manchas más brillantes debajo, despliega su belleza durante todo el año. Tras una breve aparición de flores blancas en primavera, sigue la de las delicadas y reducidas hojas. Cultívelo como arbolito o compre un ejemplar ramificado en varios troncos.

Pyrus salicifolia «Pendula» 🏆

Peral; C: perera; E: udareondoa; G: pereira

☼ ❄❄❄ ○ **A** 5 m **E** 4 m

Sus ramas colgantes llegan a tocar el suelo, formando una cascada de largas y estrechas hojas plateadas durante todo el verano. Utilícelo para adornar un ángulo o como telón de fondo para otras plantas en un arriate amplio. Además, en primavera le proporcionará flores de color crema. Si los ejemplares adquieren una anchura excesiva, pode algunos de los tallos en pleno invierno.

Robinia pseudoacacia «Frisia» 🏆

Acacia falsa; C: falsa acàcia; E: sagiar kazia; G: acacia

☼ ❄❄❄ ○ **A** 9 m **E** 6 m

Este árbol de pequeñas o medianas dimensiones se utiliza frecuentemente para proporcionar una explosión de colorido amarillo verdoso gracias a sus hojas, que están compuestas por multitud de folíolos redondeados. Sitúelo protegido de los fuertes vientos, en especial si la planta es joven y se está estableciendo. Para restringir la altura, ponga pesos en los ápices de las ramas jóvenes, los cuales provocarán una ligera caída de las mismas.

Salix caprea «Kilmarnock» 🏆

Sauce cabruno; C: gatell, gatsaule; E: ahuntz-sahatsa; G: salgueiro

☼ ❄❄❄ ○ **A** 2–3 m **E** 2 m

Este sauce llorón en miniatura ofrece un bonito aspecto en invierno con sus tallos pardo amarillentos, con amentos argénteos de anteras amarillas a finales del invierno. Las hojas son de forma ovalada, de borde dentado y coloración de un verde grisáceo por el envés. Los árboles se desarrollan en forma de amplio paraguas.

Selección de árboles pequeños

Acer griseum 🏆 ○
Betula utilis var. *jacquemontii* 🏆 ○
Cornus alternifolia «Argentea» (cornejo) 🏆 ○
Eucalyptus pauciflora subsp. *niphophila* (eucalipto) 🏆 ●
Gleditsia triacanthos «Sunburst» 🏆 ○
Prunus x *subhirtella* «Autumnalis» (cerezo de invierno) 🏆 ○

Apuntalar un árbol

Existen dos formas básicas de poner rodrigones a un árbol: utilice el sentido común para juzgar cuál de ellas es la mejor para el suyo. Para la mayoría de los árboles jóvenes y robustos, clave en el suelo, con un cierto ángulo, un rodrigón corto (*véase* inferior). Para los árboles de troncos débiles, incapaces de aguantarse verticalmente por sí mismos, es mejor clavar un rodrigón de altura superior al árbol, en posición paralela al tronco de éste, a unos 15 cm de distancia del mismo, para que justo alcance el punto de inicio de las ramas. Sujete el tronco al rodrigón en uno o dos puntos utilizando cuerdas especiales para atar árboles.

En algunos casos, es preferible crear un soporte de 45 cm de altura formando una composición en cruz con dos piezas o estacas verticales, situadas a 30 cm de distancia del tronco a cada lado y con una pieza de madera dispuesta horizontalmente entre ellas. Sujete el tronco a la pieza horizontal utilizando un material flexible que no provoque rozamiento (como las cuerdas de nailon). Ponga las estacas o rodrigones cerca del tronco, en el agujero de plantación, entre las raíces en los árboles que las presenten desnudas, pero evite hacerlo a través del cepellón de raíces de los árboles crecidos previamente en macetas.

PARA APUNTALAR UN ÁRBOL, *inserte una estaca o rodrigón corto en el suelo inclinado con un ángulo de 45°, en el lado de la planta más expuesto a la dirección del viento predominante. Utilizando cuerdas especiales para atar árboles, sujete el tronco a él a una altura de unos 45 cm.*

Árboles con frutos y bayas

Plantar árboles que presenten frutos atractivos no solamente proporciona color al jardín durante el otoño, sino que también ofrece a los pájaros una despensa natural en las épocas de mayor frío. Asegúrese de situar los árboles productores de bayas en un lugar desde el que pueda observar a los pájaros desde el interior de la vivienda.

Mespilus germanica

Arbutus x *andrachnoides* 🏆
Madroño híbrido

☼ ❄❄❄ ● **A/E** 8 m
Este híbrido entre *A. andrachne* y *A. unedo*, que se encuentra de forma natural en Grecia, es de gran valor para el jardín. Entre sus atributos se encuentran una corteza de color canela que se desprende, hojas verdes durante todo el año y pequeñas flores blancas acampanadas que aparecen durante la primavera o el otoño. Normalmente coinciden con la maduración de los frutos redondeados que se desarrollan a partir de las flores de la estación anterior y que pasan del naranja al rojo. Aunque comestibles, no tienen demasiado sabor. *Arbutus* tolera los suelos calcáreos, pero necesita una situación resguardada de los vientos fríos.

CÓMO ELEGIR UN ÁRBOL

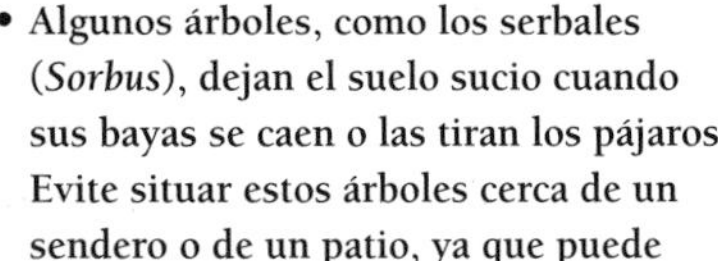

- **Algunos árboles, como los serbales (*Sorbus*), dejan el suelo sucio cuando sus bayas se caen o las tiran los pájaros. Evite situar estos árboles cerca de un sendero o de un patio, ya que puede mancharse y volverse resbaladizo.**
- **Algunos frutos y bayas, como los del tejo o los de la hiedra, son venenosos y suponen un peligro para los niños pequeños.**
- **Los entusiastas de la vida silvestre pueden plantar árboles frutales para proporcionar comida a los pájaros en invierno. El espino (*Crataegus*), el serbal (*Sorbus*) y el acebo (*Ilex*) son los más apreciados para ello.**
- **Aquellos que gusten de elaborar sus propias mermeladas, gelatinas, jaleas y vinos se alegrarán de la presencia de árboles frutales en el jardín ya que constituyen una fuente natural de ingredientes: los ciruelos, los manzanos y los nísperos son buenas opciones.**

Catalpa bignonioides 🏆
Catalpa
☼ ❄❄❄ ○ **A/E** 4,5–15 m
El extenso dosel de este árbol norteamericano es bastante impresionante debido a la exótica apariencia de sus grandes hojas con forma de corazón. Este efecto se ve aumentado por las panículas de flores, con forma de gruesos dedales blancos moteados de amarillo y de púrpura, que aparecen en verano y que acaban transformándose en un conjunto de curiosos frutos con forma de judía de unos 38 cm de longitud. Plántela en un suelo bien drenado y evite una posición expuesta.

Cotoneaster frigidus
Guillomo del Himalaya
☼ ☀ ❄❄❄ ○● **A/E** 6 m
Los árboles que se encuentran incluidos bajo esta denominación específica pueden pertenecer a la especie verdadera o bien tratarse de uno de sus híbridos, mejor descritos como *C.* x *watereri*. En cualquier caso, puede esperar un árbol robusto, caducifolio o semiperennifolio, que presenta largas hojas ovaladas y, a principios del verano, anchas panículas de pequeñas flores blancas, a las cuales sigue una espléndida cosecha de relucientes bayas rojas que perduran hasta el invierno.

Ilex aquifolium
«Handsworth New Silver» 🏆
Acebo; C: **boix grèvol;** E: **gorosti;**
G: **xando, xardón**
☼ ❄❄❄ ● **A** 8 m **E** 4,5 m
Mi preferido entre las variedades de acebo cultivadas, este precioso ejemplar puede crecer hasta formar un pequeño árbol vagamente columnar. Las hojas espinosas presentan el margen de color crema y nacen a partir de hermosos tallos púrpuras. Si en las cercanías crece algún acebo macho, los pies femeninos producen brillantes bayas rojas.

Juglans regia 🏆
Nogal común
☼ ❄❄❄ ○ **A** 18 m **E** 9 m
Los nogales forman bellos ejemplares que, debido a su larga historia como árboles cultivados, dan al jardín un toque de distinción. Sus hojas pinnadas son muy atractivas y sus semillas comestibles se desarrollan en el interior de frutos verdosos. Algunas variedades seleccionadas como «Buccaneer» dan mejores cosechas. En los viveros, los últimos programas de investigación intentan crear variedades mejoradas. Evite las heladas durante la plantación.

Ilex aquifolium
«Handsworth New Silver»

◁ *SORBUS CASHMIRIANA Los serbales como éste son fáciles de cultivar a partir de semilla. Simplemente han de aplastarse las bayas maduras, extraer sus semillas y sembrarlas en macetas. Después han de cubrirse ligeramente con arena fina y disponerse en el exterior para que germinen.*

COMBATIR A LOS PÁJAROS

En general, los pájaros tienden a ir primero a por las bayas de colores rojos y anaranjados, dejando las rosadas o las blancas para el final. Por lo tanto, los frutos de *Malus* «Golden Hornet», *Sorbus* «Joseph Rock» y *S. cashmiriana* no suelen ser la primera opción de estos animales. Por otro lado, *Malus* «Red Sentinel» permanece intacto.

Koelreuteria paniculata 🏆
Jabonero de China
☼ ❄❄❄ ◌ **A/E** 9 m

Las principales características de este magnífico árbol son su follaje, formado por hojas delicadamente pinnadas, y sus panículas de flores amarillas, que aparecen en verano y que se convierten más tarde en cápsulas rosadas o rojizas con forma de vejiga. Las hojas, teñidas de amarillo, proporcionan el contrapunto final. Este árbol procedente de China puede resultar difícil de cultivar, aunque crece bien en suelos fértiles y, si se sitúa en un punto muy soleado, florecerá y fructificará incluso de joven.

Malus «John Downie» 🏆
Manzano; C: pomera; E: sagarrondoa; G: maceira
☼ ❄❄❄ ◌ **A** 7,5 m **E** 5 m

Los «racimos» de vistosos frutos anaranjados o rojizos de este árbol en contraste con el azul del cielo de finales de verano es una de mis imágenes preferidas. Las manzanas ovaladas son comestibles y pueden utilizarse para hacer jaleas. También proporciona una bonita visión cuando, a finales de la primavera, las blancas flores surgen de las yemas sonrosadas. Esta especie crece bien en cualquier suelo fértil y bien drenado.

Mespilus germanica
Níspero europeo
☼ ☀ ❄❄❄ ◌ **A** 6 m **E** 8 m

Este árbol de fuerte personalidad florece en verano y produce un gran número de flores dispersas, que se convierten en frutos marronosos con los que se puede hacer una buena jalea, pero que sólo se pueden comer crudos cuando están ya muy pasados. Estos árboles tienen generalmente una forma retorcida, no son muy altos y, a menudo, aparecen espinas en sus ramas más viejas.

***Malus* «John Downie»**

Prunus insititia «Prune Damson»
Ciruelo de flor
☼ ❄❄❄ ◌ **A/E** 3–6 m

Las blancas flores y la buena cosecha de unos frutos ovales de tono negro azulado son algunas de las características de este ciruelo. Los frutos, de un verde amarillento, son espléndidos para tartas y mermeladas. Los ciruelos son árboles robustos y crecen bien en la mayoría de los suelos, incluyendo los pobres.

Sorbus cashmiriana 🏆
Serbal de Cachemira
☼ ☀ ❄❄❄ ◌ **A/E** 6 m

En contraste con su tamaño y su delicadeza, este árbol produce, a finales de la primavera, unas inflorescencias rosadas de grandes proporciones. En otoño, las flores se transforman en preciosos frutos blancos. Los pájaros no son muy amantes de estos frutos, por lo que suelen permanecer colgados de sus rabillos rojos hasta bastante tiempo después de la caída de las hojas. Plántelo en suelos húmedos pero bien drenados.

Setos con flores y frutos

El fondo de hojas que se crea con un buen seto constituye un fondo muy agradable. Además, con su bonito y natural aspecto, los setos actúan como barreras visuales en un jardín. Por otra parte, filtran el ruido y el viento, y pueden utilizarse para ocultar una vista poco interesante. Para que armonicen con el estilo del jardín, seleccione las especies teniendo en cuenta su tamaño y valorando qué quedará mejor en el diseño: un seto formal o uno informal. Una vez hayan crecido las plantas, se les da la altura y la envergadura deseadas mediante una poda.

Berberis x *stenophylla* 🏆
Agracejo; C: coralet;
E: saparlarr, erratz-belar; G: garratx
☼ ◐ ❄❄❄ ●
A 1,2–1,8 m **E** 75–90 cm
Este híbrido de hoja perenne forma un seto denso, espinoso y casi impenetrable, por lo general de aspecto formal. En primavera, sus brotes arqueados llevan flores de un amarillo dorado a las que siguen unas bayas púrpuras que a menudo se eliminan mediante una poda. Plántelo en otoño o principios de la primavera, a una distancia de 50 cm entre los diferentes pies, e inmediatamente pode la cuarta parte superior para facilitar una forma arbustiva. Pódelo cada año tras la época de floración.

Cotoneaster simonsii 🏆
Guillomo; C: cotonéaster
☼ ❄❄❄ ◐
A 1,2–1,5 m **E** 90 cm
Escoja esta especie de guillomo para crear un seto informal y perennifolio. Durante el otoño estará decorado con bayas anaranjadas o rojizas y sus hojas se volverán rojas. Además, habrá un despliegue de flores blancas matizadas de rosa a comienzos del verano. Plántelo entre el otoño y la primavera, dejando un espacio de unos 35 cm entre los pies. Utilice tijeras de podar con objeto de cortar las largas ramas pasada la floración, dejando los racimos de frutos. Proceda a arreglarlo de nuevo a finales del verano y en otoño.

Escallonia «Apple Blossom» 🏆
Escalonia, siete camisas; C: escal·lónia
☼ ❄❄ ● **A** 1,5 m **E** 90 cm
Aunque las escalonias son ligeramente laxas, forman buenos setos densos de aspecto formal en zonas resguardas. Al ser tolerantes a concentraciones elevadas de salinidad, crecen bien cerca de la costa. Sus hojas brillantes y perennes están acompañadas por flores de tonalidad rosa pálido en la época estival. *E.* «Langleyensis» 🏆 es más resistente y cuenta con flores de una coloración rosa fuerte. Plántelo en primavera u otoño, a una distancia entre las plantas de 45 cm. Pode la tercera parte superior tras la plantación para promover el crecimiento arbustivo. Pódelo ligeramente tras la floración.

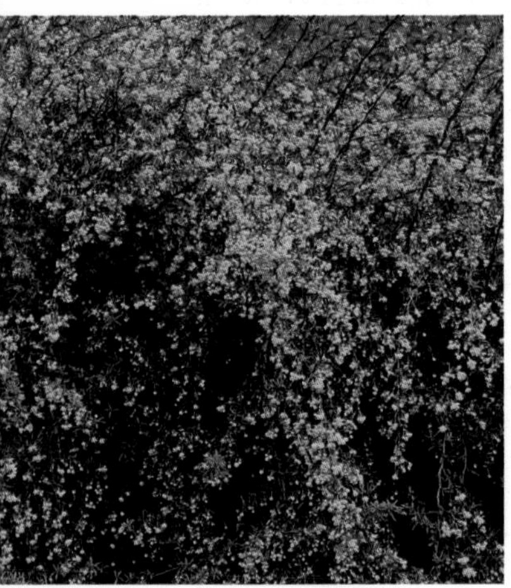

Berberis x *stenophylla*

Forsythia x *intermedia* «Lynwood»

Garrya elliptica

Forsythia x *intermedia* «Lynwood» 🏆
Forsitia, campanita china
C: forsítia
☼ ❄❄❄ ○
A 2,5 m **E** 90 cm–1,2 m
Forman setos bastante informales y desgarbados, pero realmente dejan sentir su presencia en primavera, cuando se cubren con brillantes flores amarillas. Su habilidad para crecer en cualquier lugar les ha dado una gran popularidad. Plántelas en otoño a

◁ *ROSA RUGOSA*
Este rosal no debe dejarse secar, ya que con ello se despojaría al jardín de sus explosiones de colorido, que son un elemento sumamente agradecido a finales del verano y durante el otoño.

Rosa rugosa

☼ ❄❄❄ ◌ **A** 1,5 m **E** 1,2 m

Escoja esta especie de rosal para formar un precioso seto informal limítrofe en jardines de grandes dimensiones. Su crecimiento puede resultar un poco rebelde, pero esto se compensa con la fragancia de sus rosas, de color rosa rojizo, seguidas de unos atrevidos frutos. Busque *R. r.* «Alba» 🏆, de flores blancas, y la aromática *R.* «Roseraie de l'Häy» 🏆 con flores dobles de un rojo púrpura. Plántelas a una distancia de 45 cm o desde el otoño a la primavera y pódelas a principios de la primavera, retirando la parte que crezca débil.

Rosmarinus officinalis

Romero; C: romaní; E: erremule; G: romeo

☼ ❄❄❄ ● **A** 1,3–1,5 m **E** 75–90 cm

El romero forma preciosos setos informales y siempre producirá flores durante el invierno. El color de éstas varía entre el azul purpúreo y el blanco, lo que contrasta muy bien con las alargadas hojas verde grisáceas. La tendencia de este arbusto es a crecer hacia arriba, pero para acentuarla escoja *R. o.* «Miss Jessopp's Upright» 🏆. Plántelo a una distancia entre sí de 38 cm en primavera u otoño y pode a mediados del verano.

intervalos de 45 cm podándolas un tercio de su tamaño para promover el crecimiento. Elimine los pedúnculos viejos tras la floración.

Garrya elliptica

☼ ☀ ❄❄ ● **A** 1,5–2,2 m **E** 90 cm

Escoja esta especie perennifolia para formar un seto informal pero elegante. Contra un fondo de ásperas hojas de un verde grisáceo, hay un despliegue de preciosos amentos verde pálido que duran desde el invierno hasta la primavera. Las flores masculinas (más llamativas) y las femeninas nacen en diferentes pies, por lo que vale la pena seleccionar uno masculino de la variedad «James Roof» 🏆, cuyos amentos plateados tienen una longitud de 20 cm. Plántelo a una distancia de 45 cm entre las plantas en otoño o primavera y pode los extremos con unas tijeras de podar después de que las borlas hayan caído.

Osmanthus x *burkwoodii* 🏆

☼ ☀ ❄❄❄ ●

A 1,5–1,8 m **E** 75–90 cm

Un seto ordenado pero informal de hojas de color verde oscuro, brillantes, y espolvoreado con racimos de pequeñas flores blancas suavemente aromatizadas en primavera. Plántelos a una distancia entre pies de 45 cm en invierno; recorte una tercera parte de su altura y extiéndalos para crear una forma arbustiva. Realice podas regulares tras la floración a finales de la primavera.

Pyracantha «Watereri» 🏆

Espino de fuego; C: piracant

☼ ☀ ❄❄❄ ● **A** 2–2,5 m **E** 75–90 cm

Este arbusto de hojas brillantes formará un buen seto informal; lleva racimos de pequeñas flores blancas en primavera y de bayas rojas a finales del verano y durante el otoño. Resistente y fácil de cuidar, crece bien en la mayoría de los suelos pero puede ser susceptible a ciertas plagas. Plántelo a una distancia entre los pies de 60 cm entre el otoño y la primavera. Pódelo cuidadosamente tras la floración; deje las bayas en desarrollo para que maduren.

Ribes sanguineum «Pulborough Scarlet» 🏆

Grosellero; C: riber; E: andere-mahats gorri; G: groselleiro

☼ ❄❄❄ ◌ **A** 1,5–1,8 m **E** 90 cm–1,2 m

A pesar de su aroma ligeramente acre, los groselleros de esta especie forman magníficos setos florecientes en primavera. Esta forma cultivada lleva racimos de flores rojas, pero también las hay de color blanco (*R. s.* «Tydeman's White» 🏆), rosa y rosa pálido. Sitúe plantas jóvenes a unos 45 cm de distancia entre sí entre el otoño y la primavera y pódelas tras la floración.

LÍMITES ESPINOSOS

Algunos jardines necesitan una barrera espinosa densa e impenetrable. Los setos tienen mucho que ofrecer en este sentido, ya que muchas plantas formadoras de setos están armadas con espinas. En algunos casos, una valla o una pared pueden quedar tapizadas con un seto de agracejo, acebo, rosales, espino o incluso de *Poncirus trifoliata*. El naranjo amargo japonés, usado a menudo como una estirpe para naranjos o limoneros cultivados, formará un seto caducifolio, de unos 1,5 m de altura, de brotes verdes y rígidos armados con peligrosas espinas; las flores, blancas y aromáticas, se transforman en frutos parecidos a las naranjas, pero no son comestibles.

Arbustos perennifolios para obtener interés todo el año

A pesar de que el jardín se utiliza menos durante el invierno, es conveniente cuidarlo y hacer que resulte también interesante durante esta época. Para conseguirlo, lo mejor es que entre la mitad y las dos terceras partes de los arbustos sean de hoja perenne. Si desea que el jardín no tenga nunca un aspecto sombrío, incluya en él especies de diferentes coloridos y de varias texturas de hoja, así como algunas que florezcan.

Drimys lanceolata

Aucuba japonica

Aucuba, cubana; C: aucuba

A/E 1,8–2,5 m

La mejor forma moteada de las resistentes aucubas es *A. j.* «Crotonifolia» 🏆, una forma femenina cuyo brillante verde se encuentra moteado de amarillo. En cualquier caso, para animar un rincón sombrío, puede optar por *A. j.* «Picturata», una forma masculina cuyas hojas presumen de un centro salpicado con una tonalidad dorada. A pesar de que tiene una tendencia a revertir, la poda de los brotes que van apareciendo no requiere un gran esfuerzo.

Choisya ternata «Sundance» 🏆

Naranjo de México; C: taronger de Mèxic

A 1,5 m **E** 1,2–1,5 m

Este popular arbusto merece formar parte del jardín por su maravilloso follaje de color amarillo brillante que garantiza la atracción de la vista. A pesar de ello, quizá prefiera *Choisya ternata* de hojas aplanadas, por el contraste entre el verde de sus hojas y el blanco de las aromáticas flores que aparecen en primavera y finales del verano. Las flores son escasas en la variedad dorada. Ambas crecen bien sobre suelos alcalinos.

***Acuba japonica* «Picturata»**

Cupressus macrocarpa «Golden Pillar»

Ciprés dorado de Monterey

A 3–4,5 m **E** 1,8–3 m

Normalmente intento evitar al ciprés de Monterey por su agresiva tendencia a crecer muy rápidamente y a hacerse muy alto, pero esta especie cultivada es diferente. Su luminoso follaje de un color amarillo dorado tiene un aspecto estupendo durante todo el año y lo hace muy atractivo para cualquier arriate. Es especialmente bonito plantado al lado de especies de follaje de color verde, azulado o grisáceo.

PERENNIFOLIOS COLOREADOS PARA TODO EL AÑO

Elaeagnus x *ebbingei* «Gilt Edge» 🏆
Euonymus japonicus «Ovatus Aureus» 🏆
Ilex aquifolium «Ferox Argentea» 🏆
Myrtus communis «Variegata» (mirto matizado)
Pittosporum tenuifolium «Irene Paterson» 🏆

Drimys lanceolata

Pimentero de montaña

A 2,5 m **E** 1,8 m

Es una de mis plantas perennifolias favoritas. Este arbusto crece mejor en lugares ligeramente sombríos, frescos y resguardados que en uno en plena luz. En un período de unos siete años, puede adquirir una forma compacta más o menos cónica, de 1,5 m de altura. Los tallos de color rojo oscuro presentan dos tipos de hojas: las jóvenes, delgadas, de color verde brillante y suavemente aromáticas, y las viejas, más oscuras y con el envés blanquecino. A finales de la primavera las acompañan grupos de flores de un blanco crema. Cubra el suelo con materia orgánica a finales del invierno. Es resistente a temperaturas de –12 °C.

Elaeagnus pungens «Maculata» 🏆

Cinamomo; C: cinnamom, eleagne pungent

A/E 2,5–3,7 m

Un jardín de invierno no estará completo sin un ejemplar de esta planta perennifolia. Sus hojas presentan una mancha amarilla dorada central e irregular, que proporciona una doble tonalidad verdosa a su alrededor. Los enveses son pálidos y de color plateado, mientras que los tallos presentan un tono bronce metálico. Corte cualquier brote verde y plano que aparezca. *Elaeagnus* es un arbusto especialmente útil en jardines cercanos al mar, ya que es capaz de soportar los vientos costeros.

◁ *CUPRESSUS MACROCARPA* «GOLDEN PILLAR» *ha sido adornado con un ejemplar de* Ipomoea lobata *trepadora que crece por encima para alegrarlo durante el verano.*

viejos de los arbustos grandes tras la floración.

Nandina domestica ♈
Bambú sagrado, nandina; C: nandina
☼ ☀ ❄❄❄ ●
A 1,2–1,8 m **E** 90–150 cm
La forma elegante y el follaje de este pulcro arbusto hacen conjunto con las panículas de flores blancas que surgen a mediados del verano. Las hojas jóvenes son de un color rojo resplandeciente y el follaje más viejo se torna de un reluciente color rojizo purpúreo en invierno. Forma frutos rojos que al madurar se tornan negros. Para obtener los mejores frutos escoja *N. d.* «Richmond». Este seto requiere protección de los vientos fríos y un suelo bien drenado.

Lonicera nitida «Baggesen's Gold» ♈
Cerecillo, madreselva; C: lligabosc; E: atxaparra; G: madresilva
☼ ☀ ❄❄❄ ● **A/E** 1,5 m
Este arbusto tan común proporciona una apreciada explosión de color dorado durante todo el año y resulta fácil de cultivar en la mayoría de los jardines. Sus largos tallos, que presentan hojas ovaladas, se arquean formando una cascada dorada. Las pequeñas hojas crean una textura que puede yuxtaponerse contra un fondo de arbustos de hoja grande. El follaje se blanqueará si se expone a pleno sol. Puede hacerse crecer como un seto bajo.

Mahonia x *media* «Charity» ♈
☼ ☀ ❄❄❄ ● **A/E** 2,2–3,7 m
Cualquier arbusto arquitectónico perennifolio que florezca en invierno vale su peso en oro. Las hojas de *Mahonia* tienen una longitud de unos 60 cm y están formadas por varios folíolos espinosos de color verde oscuro. Desde finales del otoño a finales del invierno presenta racimos erectos de flores de un profundo amarillo y ligeramente aromáticas. Corte los tallos

Photinia x *fraseri* «Red Robin» ♈
Fotinia; C: fotínia
☼ ☀ ❄❄ ● **A/E** 3–4,5 m
Escoja este atractivo seto por sus ápices flexibles de hojas largas y coriáceas que cuando son jóvenes tienen un brillante colorido rojizo bronceado. Es una buena alternativa a *Pieris* si el suelo no es suficientemente ácido. Crece bien en casi todos los suelos, pero sitúelo en lugares

¿PEQUEÑO O GRANDE?

Tanto si desea plantar un jardín entero empezando desde cero como si únicamente quiere establecer una base de setos para un arriate, puede recurrir a la tentación de intentar ahorrar tiempo comprando las plantas ya crecidas. Una desventaja de ello es el precio, que aumentará proporcionalmente según el tiempo de crecimiento que haya dedicado el vivero a cultivar la planta. Además, a los arbustos que se han acostumbrado a vivir en maceta les suele costar más establecerse que a aquellos de menor tamaño y cuyas raíces, al ser más jóvenes, se desarrollan sin problemas en suelos abiertos. Comprar plantas jóvenes además resulta más económico.

protegidos de las heladas, ya que los brotes nuevos pueden resultar perjudicados por las heladas tardías. Tolera bien la poda.

Rhamnus alaternus «Argenteovariegata» ♈
Aladierno; C: aledern; E: txorbeltza, karraskila, zinurria
☼ ☀ ❄❄❄ ●
A 1,8–4,5 m **E** 1,8–3 m
Algunas especies perennifolias pueden resultar dominantes, pero las pequeñas y delicadas hojas plateadas de este aladierno logran un buen efecto en los rincones resguardados. Los oscuros tallos, con hojas de un verde grisáceo con el margen blanco plateado, pueden cultivarse en muros soleados y podarse en formas redondeadas.

***Photinia* x *fraseri* «Red Robin»**

***Rhamnus alaternus* «Argenteovariegata»**

CLAVE: ♈ *galardonadas* ☼ *sol* ☀ *semisombra* ✸ *sombra* ❄ *semirresistentes* ❄❄ *resistentes a heladas* ❄❄❄ *totalmente resistentes* ○ *caduca* ● *perenne* ◐ *semiperenne* **A** *altura* **E** *envergadura*

Arbustos para obtener color en primavera

La primavera es una estación del año tan esperada que merece la pena plantar especies de floración precoz con el fin de crear una estación de color y perfume lo más larga y animada posible. Plante arbustos de interés primaveral a intervalos alrededor del jardín, y en su base bulbos y herbáceas vivaces de floración primaveral.

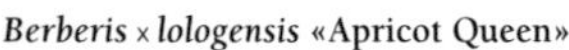

***Berberis* x *lologensis* «Apricot Queen»**

Berberis x *lologensis* «Apricot Queen»
Agracejo
A/E 2,5–3 m

A finales de la primavera, los tallos arqueados de este colorido arbusto están repletos de preciosas flores de un claro tono anaranjado pastel. A menudo produce una segunda floración en verano. Las pequeñas hojas oscuras y brillantes están armadas de espinas, cosa que lo convierte en un disuasor ideal. Pódelo tras la floración.

Ceanothus «Puget Blue»
Lila de California, ceanoto; C: ceanot
A/E 2,5–3 m

Las pequeñas y oscuras hojas proporcionan por sí mismas atractivo a esta especie. Sin embargo, hacia finales de la primavera y principios del verano, cuando se cubre con masas de flores de un profundo azul, se torna espectacular. Plántela con la protección de un muro cálido o de una valla que le permita soportar el clima invernal. Se adapta a la mayoría de los suelos. Si es necesario, pódela tras la floración.

Euphorbia characias
Tártago mayor; C: lleteresa vesquera
A 1,2 m **E** 90–120 cm

Sus tallos con aspecto de colas densas tapizadas con largas hojas están decorados desde principios de la primavera a inicios del verano por inflorescencias cilíndricas de un color verde lima, que consisten principalmente en brácteas. Me gustan de manera especial los centros oscuros de las especies del mismo grupo, aunque el colorido amarillo ácido de *E. c.* subsp. *wulfenii* es excepcionalmente delicado. Tras la floración, los tallos florales deben cortarse hasta dejar la planta a una altura de unos 15 cm a nivel del suelo. Esto da vigor a la planta y hace que su follaje permanezca fresco. Tenga en cuenta que la savia lechosa de esta planta puede producir irritaciones en la piel.

x *Ledodendron* «Arctic Tern»
A/E 60 cm

Observe con atención este cruce entre *Rhododendron* y *Ledum* para apreciar sus ramas sinuosas cubiertas con una suave corteza de color marrón claro. El ordenado follaje está presente durante todo el año, sin embargo el pequeño arbusto está en su máximo esplendor en primavera, con una floración de un color blanco inmaculado. Proporciónele un suelo ácido rico en humus y encuentre tiempo para eliminar las cabezuelas muertas tras la floración.

***Ceanothus* «Puget Blue»**

Magnolia stellata «Waterlily»
Magnolia estrellada; C: magnólia
A 2,5 m **E** 3 m

Las blancas flores de esta especie cultivada, que se abren antes de la aparición de las hojas, miden unos 13 cm de anchura y presentan hasta 32 pétalos, con lo que se convertirán en la principal atracción de un arriate de primavera. Las plantas jóvenes al principio son muy tupidas pero se expanden con la edad, así que téngalo en cuenta cuando lo plante. Tolera la mayoría de los suelos, incluyendo los alcalinos, pero aprecia la humedad y la materia orgánica.

Rhododendron luteum
Azalea amarilla
A/E 2–3 m

Escoja esta azalea por sus flores amarillas, alegres y suavemente perfumadas, que anuncian el tiempo cálido al florecer a finales de primavera y principios del verano. Hay otro despliegue en otoño, cuando las hojas se vuelven de color carmesí, púrpura y naranja antes de caer. Por esta tendencia informal, es perfecto para un rincón natural del jardín, en el que pueden plantarse jacintos a sus pies. Requiere suelo ácido.

△ **LOS LLAMATIVOS MACIZOS DE FLORES DE** Euphorbia characias *subsp.* wulfenii *«John Tomlinson» están formados por inflorescencias de color amarillo eléctrico que resultan muy bonitas contra el fondo oscuro del follaje.*

Arbustos aromáticos de floración primaveral

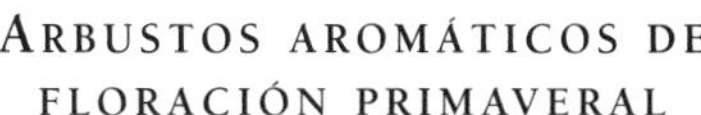

Corylopsis pauciflora ♀ ○
Cytisus x *praecox* «Warminster» ♀ ○
Daphne x *burkwoodii* «Somerset» ◐
Daphne laureola ●
Erica arborea var. *alpina* ♀ ●
Fothergilla gardenii ○
Magnolia liliiflora «Nigra» ♀ ○
Osmanthus x *burkwoodii* ♀ ●
Rhododendron mucronatum ◐

Rhododendron yunnanense

☼ ☀ ❄❄❄ ◐○ **A** 4,5 m **E** 3 m

Aunque este encantador rododendro es muy compacto, es una buena elección para suelos lo suficientemente ácidos. Sus flores, de un colorido que varía entre el blanco, el rosa pálido y el rosa fuerte, con bonitas gargantas moteadas, resisten bien las heladas tardías que devastan cualquier otro rododendro del mismo jardín. Seleccione una planta en floración para asegurar el color de las flores y planifique un bonito rincón natural a su alrededor. Como la mayoría de los de su tipo, prefiere zonas frescas con lluvias abundantes, y requiere un suelo ácido.

Stachyurus praecox ♀

☼ ☀ ❄❄❄ ○ **A/E** 1,5–2,5 m

Esta especie nativa de Japón proporciona un elemento de contraste a finales del invierno y principios de la primavera, cuando sobre sus ramas de un marrón rojizo cuelgan racimos de pequeñas flores acampanadas amarillo verdosas, como amentos exóticos. Éstas se forman en otoño y persisten en la planta durante todo el invierno. Prefiere un suelo ácido y rico en humus, aunque también tolera los suelos calcáreos. Enriquezca bien el suelo con materia orgánica o compost antes de plantarla.

Syringa vulgaris «Congo»

Lila; C: lilà

☼ ❄❄❄ ○ **A** 4,5 m **E** 4 m

Un jardín a finales de la primavera al anochecer no sería lo mismo sin la esencia de la lila. Existen multitud de variedades cultivadas entre las que escoger, con flores sencillas o dobles y de coloraciones claras u oscuras. Esta variedad data de 1896 y forma una planta compacta con capullos de un color púrpura oscuro que se abren dando paso a flores sencillas de intenso color púrpura. Restrinja su tamaño acortando los tallos más viejos tras la floración.

Viburnum carlesii «Diana»

☼ ☀ ❄❄❄ ○ **A/E** 1,8 m

Con las nuevas hojas recién surgidas, en primavera las inflorescencias rosadas se abren a partir de capullos rojos y más tarde se suavizan hasta volverse blancas. La dulce fragancia perdura en el aire y garantiza el atractivo. Las hojas, matizadas de bronce cuando son jóvenes, pasan el verano como un fondo verdoso para otras especies de plantas y, posteriormente, en otoño, adquieren tintes rojizos.

***Magnolia liliiflora* «Nigra»**

***Rhododendron* cv**

Stachyurus praecox

Arbustos para llenar de color el verano

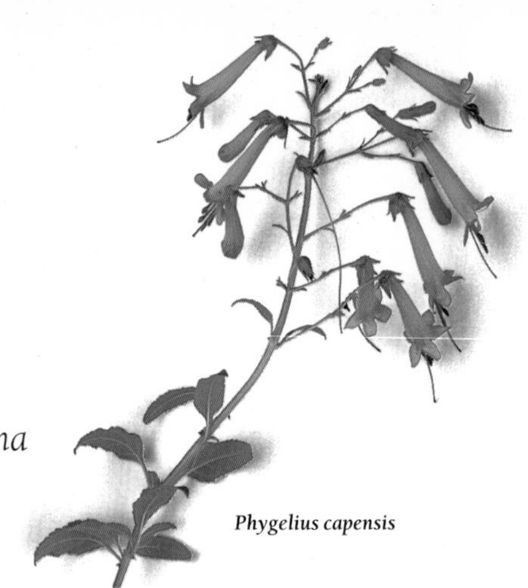
Phygelius capensis

Con una buena planificación, puede conseguir una sucesión de colorido y una floración interesante de arbustos desde principios del verano hasta el otoño. Una vez establecidos, se mantienen por sí mismos, sin grandes cuidados, aunque la mayoría de estos arbustos requieren una poda anual. Ésta mejora la calidad de las flores, ayuda a controlar la forma de la planta y su tamaño, y prolonga la vida de la planta permitiendo que dure más que si creciera libremente.

Buddleja x *weyeriana*
Budleya; C: budleia
☼ ❄❄❄ ◯ **A** 1,8–3,7 m **E** 1,5–3 m
Buddleja es una planta de floración estival fiable, y en concreto esta especie ayuda a animar cualquier arriate insulso. Tanto los brotes arqueados como las hojas, cuando son jóvenes, se encuentran recubiertos con una vellosidad grisácea. Las flores amarillas con aroma de miel salen en grupos al final de los tallos. *B.* x «Sungold» 🏆 presenta flores de un tono amarillo dorado. Controle la altura con una poda severa cada primavera.

PODAR *BUDDLEJA*

Las especies como *Buddleja* x *weyeriana* y *B. davidii* se suelen podar drásticamente a principios de la primavera, cuando empiezan a aparecer los brotes. Déjelas más altas en la parte trasera de los arriates. Una poda otoñal es una buena opción en las zonas de clima suave.

Deutzia x *rosea*
Deutzia
☼ ❄❄❄ ◯ **A/E** 1,2 m
Este arbusto compacto y redondeado florece a principios del verano, cuando sus ramas colgantes se cubren con flores rosadas en forma de estrella que armonizan bien con otras de color rosa más fuerte o púrpura. La mejor situación para esta planta es la parte frontal de un arriate. Pódela inmediatamente tras la floración: corte una quinta parte de las ramas viejas a nivel del suelo y retire los brotes florecidos.

Fabiana imbricata f. *violacea* 🏆
☼ ❄❄❄ ● **A/E** 1,5–2,2 m
A pesar de que este poco habitual arbusto parezca un brezo gigante, pertenece a la familia de la patata, del tomate y de las petunias. Su follaje se ve acompañado de flores tubulares de color malva pálido desde principios del verano. Proporciónele protección del viento y un suelo bien drenado. Las plantas muy alargadas pueden podarse en primavera, sin embargo cortar los tallos leñosos puede resultar arriesgado.

BELLOS COLORES DURANTE EL VERANO

Ceanothus x *delileanus* «Gloire de Versailles» 🏆 ◯
Cistus x *hybridus* 🏆 ●
Perovskia «Blue Spire» 🏆 ◯
Potentilla fruticosa «Elizabeth» 🏆 ◯
Weigela florida «Foliis Purpureis» 🏆 ◯

Fuchsia magellanica «Versicolor» 🏆
Fucsia; C: fúcsia
☼ ☀ ❄❄ ● **A/E** 90 cm–1,2 m
Las resistentes fucsias son fáciles de cultivar y aportan un bello colorido a los jardines durante el verano. Las soberbias hojas de esta planta son de un color verde grisáceo y blanco (o amarillo); más tarde se tiñen de un rosa púrpura, y al madurar se tornan verdes con los bordes irregularmente tintados de color crema. Las delgadas flores tubulares son rojas y púrpuras. Pode en primavera los tallos estropeados por las heladas y elimine las ramas desordenadas. El crecimiento será mucho mayor en regiones costeras y de clima suave.

Hibiscus syriacus «Red Heart» 🏆
Altea de Siria, rosa de Siria, hibisco
C: hibisc de Síria
☼ ❄❄❄ ◯ **A** 1,8–3 m **E** 1,2–1,8 m
Aunque de crecimiento lento, una altea madura y resistente en plena floración es un espectáculo precioso. Las alteas son uno de los últimos arbustos que empiezan a crecer en primavera y esperarán hasta mediados del

Δ **PARA QUE EL COLORIDO PERDURE,** *escoja especies arbustivas como* Lavatera *«Rosea», que produce una masa de flores durante todo el verano. Aquí puede verse en un arriate con lavanda y* Alchemilla mollis.

verano antes de producir sus grandes flores en forma de trompeta. Esta forma cultivada presenta enormes flores de 6 cm de anchura con centros de color marrón oscuro. Crece bien en suelos calcáreos y normalmente no requiere poda.

Hydrangea serrata «Bluebird» ♕
Hortensia; C: **hortènsia**
☼ ☀ ❄❄❄ ◌ **A/E** 1,2 m
Las hortensias proporcionan un alegre colorido durante el verano. Donde crecen mejor es sobre un suelo fresco y húmedo, en una zona de sombra ligera. La forma clásica se corresponde con una cúpula de flores azules que forman un confuso centro rodeado de un patrón abstracto de cabezuelas, cuya tonalidad variará en función del suelo. Sobre terrenos calcáreos, adquiere un matiz rojizo purpúreo, mientras que sobre suelos ácidos serán de una tonalidad azul violácea. Pódela cortándola y ahuecándola severamente en primavera.

Kolkwitzia amabilis
☼ ❄❄❄ ◌ **A** 1,8–3 m **E** 1,8–2,5 m
Las flores tubulares de color rosa fuerte con garganta amarillenta suavizan las ramas colgantes de este magnífico arbusto a principios del verano. Busque *K. a.* «Pink Cloud» ♕ por su floración de color rosa oscuro. El resto del año crea un fondo de hojas. Fácil de cuidar, esta preciosa mata tolera una amplia variedad de suelos, pero pódela tras la floración recortando o eliminando una tercera parte de los tallos florales.

Lavatera «Rosea» ♕
☼ ❄❄❄ ◐ **A/E** 1,5–1,8 m
Si desea tener una floración que dure desde mediados a finales del verano, este arbusto resulta ideal. Además es fácil de cultivar y las flores de color rosa fuerte, de 10 cm de ancho, se abren profusamente sobre las hojas verde grisáceas. Para obtener buenos resultados, proporciónele un suelo bien drenado y un lugar protegido de los vientos fríos. Una fuerte poda anual a principios de primavera para eliminar las partes viejas rejuvenecerá la planta y ayudará a que viva más tiempo.

Philadelphus «Virginal» ♕
Celinda; C: **xeringuilla;** G: **filadelfa**
☼ ☀ ❄❄❄ ◌
A 2,5–3,7 m **E** 1,8–2,5 m
La delicadeza del suave perfume de la celinda llena el aire de fragancia a mediados del verano. Esta variedad es vigorosa y erguida, y cuenta con flores dobles del más puro blanco. Pódela tras la floración eliminando un quinto de la parte vieja y dejándola a nivel del suelo. Corte los tallos florales a la altura de los tallos nuevos más fuertes.

Phygelius x *rectus* «Winchester Fanfare»
☼ ❄❄❄ ◐ **A/E** 75 cm–1,2 m
Esta variedad cultivada tiene en común con otros *Phygelius* que aporta un gran colorido estival y, cuando se le proporciona un suelo bien drenado, resulta fácil de cultivar. Las flores tubulares, de un inusual color anaranjado rosado, cuelgan de los tallos como trompetas invertidas. Las hojas morirán si el frío es intenso, pero reaparecerán en primavera.

***Hibiscus syriacus* «Red Heart»**

***Hydrangea serrata* «Bluebird»**

Kolkwitzia amabilis

Arbustos para dar color al otoño

Clerodendrum trichotomum

El otoño es una estación preciosa, en la que los bajos rayos del sol parecen especialmente creados para iluminar las tonalidades otoñales y los voluptuosos frutos que maduran en esta época. Disfrute de los últimos días cálidos antes de la entrada del invierno y planifique bien el jardín para obtener agradables sorpresas. Muchos arbustos responden bien durante el otoño, y al mismo tiempo florecen en primavera o durante el verano.

Calluna vulgaris «Spook»
Brecina; C: bruguerola; E: einarra, txilarra; G: carroucha, carpaza
☼ ❄❄❄ ● **A** 45 cm **E** 45–60 cm
Con sus hojas de color grisáceo, esta brecina tiene un carácter etéreo realzado por las altas espigas de flores malvas que aparecen a finales de verano y que perduran hasta principios del invierno. Las flores marchitas permanecen en la planta durante todo el invierno, confiriéndole una gran belleza fantasmal, en especial cuando resplandecen con la escarcha. Elimine los tallos florales muertos en primavera. Requiere suelos ácidos.

Clerodendrum trichotomum var. *fargesii* 🏆
Pata de vaca, clerodendro; C: clerodendre
☼ ❄❄❄ ○ **A/E** 3,7–6 m
Éste es uno de mis arbustos preferidos. Tras un inicio suave en primavera, las hojas grandes y de un color verde oscuro configuran un llamativo espectáculo. Los ramilletes de aromáticas flores blancas estrelladas aparecen a partir de sépalos rosados al final del verano y en otoño, y se convierten en bayas de color turquesa que se sitúan sobre cálices que parecen impactantes cojines rosados. Plántelo en un lugar resguardado. Generalmente no requiere poda.

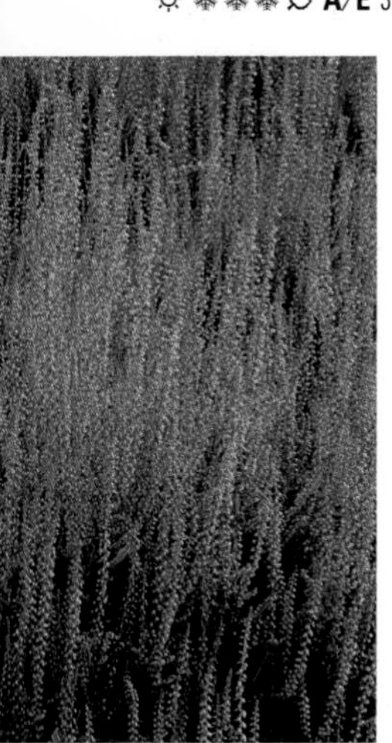

Calluna vulgaris «Spook»

Cotinus «Flame» 🏆
Árbol de las pelucas, fustete, zumaque; C: sumach, fustet; E: orikai
☼ ☀ ❄❄❄ ○ **A** 3,7–6 m **E** 3–4,5 m
Entre lo mejor de este gran arbusto se encuentra la exposición veraniega de largas flores plumosas de matices rosados que parecen sostenerse sobre el follaje como el humo. En otoño, el follaje abandona su tonalidad verde clara y adquiere una brillante roja anaranjada. Plántelo en un suelo húmedo y bien drenado. Para conseguir los mejores coloridos, no debería plantarse en un suelo demasiado fértil. Pode las ramas no deseadas tras la floración.

Euonymus alatus 🏆
Bonetero; C: evónim
☼ ☀ ❄❄❄ ○ **A/E** 1,8–2,5 m
Este arbusto de mediana altura produce un bello colorido otoñal, incluso cuando crece sobre suelos alcalinos, en cuyo caso las hojas verde oscuras se vuelven rosa carmesí. Además, las insignificantes flores de finales de la primavera se convierten en frutos redondeados y de color rojo púrpura, algunos de los cuales se abren dejando entrever las semillas naranjas. En ocasiones, las hojas y los frutos caen para dejar ver los tallos que presentan cuatro alas suberosas que recorren su longitud.

Fothergilla major 🏆
☼ ☀ ❄❄❄ ○
A 1,8–2,5 m **E** 1,2–1,8 m
Antes de que las nuevas hojas aparezcan en primavera, este arbusto redondeado empieza produciendo espigas de flores blancas y aromáticas, compuestas básicamente por estambres y que forman una especie de escobilla blanca. Durante el otoño, las llamativas hojas de 10 cm de longitud pasan por todo un caleidoscopio de colores (naranja, amarillo y rojo) antes de caer. Proporciónele un suelo ácido y húmedo, como el típico de bosque, enriquecido con materia orgánica. Una poda suave tras la floración mantendrá su talla baja.

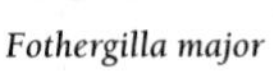

Fothergilla major

Hamamelis vernalis «Sandra» 🏆
Nogal de las brujas; C: hamamelis
☼ ☀ ❄❄❄ ○ **A/E** 2,2 m
Las pequeñas flores amarillas aparecen desde finales del invierno a principios de la primavera, aunque el principal atractivo de este arbusto es su follaje. Las hojas están teñidas de púrpura cuando salen, pero al madurar se vuelven verdes con el envés purpúreo hasta el otoño, cuando se tornan de un increíble abanico de color rojizo, anaranjado y amarillento. Crece mejor en

suelos neutros o ácidos pero tolera mejor el suelo calcáreo que otras especies. Estas plantas se propagan comercialmente por injertos, cosa que tiende a aumentar su precio.

Hydrangea paniculata «Pink Diamond»
Hortensia; C: hortènsia
☼ ◑ ❄❄❄ ◯ **A** 1,8–3 m **E** 1,5–2,2 m
Las panículas de 30 cm de longitud formadas por flores de tonalidad rosada armonizan bien con otros colores de la estación y duran desde finales del verano hasta bien entrado el otoño. Para obtener inflorescencias de calidad se recomienda realizar una poda drástica en primavera que reduzca los tallos del año anterior, dejando únicamente dos o tres de ellos, aunque yo prefiero eliminar los tallos viejos cada dos o tres años. Escoja un lugar resguardado con un suelo húmedo pero bien drenado, y enriquézcalo con materia orgánica.

Rosa «Geranium» (híbrido Moyesii) 🏆
☼ ❄❄❄ ◯ **A** 1,8–2,5 m **E** 1,5–2,2 m
A principios del verano este rosal arbustivo produce, sobre sus ramas colgantes, flores solitarias de 5 cm de anchura de un resplandeciente color rojo, con un conjunto de estambres de color crema en el centro. Hacia el otoño, éstas han madurado hasta transformarse en elegantes frutos en forma de matraz y una tonalidad anaranjada carmesí. Para obtener una buena cantidad de frutos, plántelo en un suelo húmedo enriquecido con materia orgánica al final del invierno.

Viburnum opulus

Staphylea pinnata
Estafilea
☼ ◑ ❄❄❄ ◯ **A** 3–4,5 m **E** 1,8–2,7 m
Este arbusto infravalorado mantiene su interés durante la estación de floración, que empieza a finales de primavera, con grupos de aromáticas flores blancas tintadas de rosado. Éstas se convierten en curiosas vainas verdosas en forma de vejiga que cuelgan como capullos de las ramas y se vuelven de un magnífico color plateado en otoño. Para obtener un buen conjunto de vainas mantenga la humedad durante el verano. Las plantas desordenadas pueden arreglarse podándolas drásticamente en invierno.

PODAR BREZOS

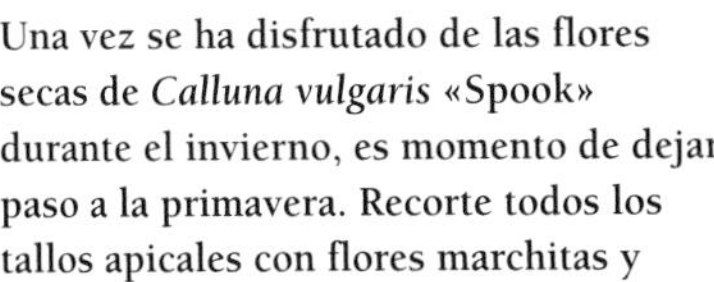

Una vez se ha disfrutado de las flores secas de *Calluna vulgaris* «Spook» durante el invierno, es momento de dejar paso a la primavera. Recorte todos los tallos apicales con flores marchitas y procure mantener la planta compacta.

Viburnum opulus
Bola de nieve, mundillos; C: aliguer
☼ ◑ ❄❄❄ ◯ **A** 3,7–4,5 m **E** 2,7–3,7 m
Las cabezuelas de flores blancas en forma de gorro de encaje aparecen desde finales de la primavera hasta principios del verano, seguidas de un opulento despliegue de frutos de color rojo brillante en otoño. Al mismo tiempo, las hojas, parecidas a las del arce y de color verde oscuro, se vuelven anaranjadas o rojizas. *V. o.* «Compactum» 🏆 es muy adecuado para jardines pequeños. Si desea obtener frutos amarillos, escoja *V. o.* «Xanthocarpum». Para conseguir buenos resultados, plántelo en un suelo húmedo.

◁ **SORPRESAS OTOÑALES** *Arbustos como* Cotinus coggygria *(izquierda) y* Rhus typhina *«Dissecta» (derecha) aseguran que el jardín acabe su temporada con una explosión de color en lugar de apagarse lentamente.*

Erica x *darleyensis* «Silberschmelze»

Arbustos para dar color al invierno

Una de las ventajas de un buen cultivo es que permite disfrutar de arbustos que florecen y ofrecen tallos de colores resplandecientes en pleno invierno. Las flores invernales tienden a ser de menor tamaño y de coloración más pálida que las estivales, pero a menudo poseen un delicado aroma. Incluso cuando el tiempo es frío y poco agradable pueden recogerse ramitos de flores o ramilletes de los arbustos maduros para disfrutar de ellos.

Abeliophyllum distichum
Forsitia blanca
☼ ❄❄❄ ◯ **A/E** 1,5 m
Vale la pena mimar este arbusto para obtener su despliegue de delicadas y aromáticas flores blanquecinas. Cada una de ellas presenta cuatro pétalos delicados que aparecen entre los desnudos tallos carentes de hojas entre finales del invierno y principios de la primavera. Sitúelo en una posición protegida del jardín para preservar las inflorescencias de las heladas, si es posible contra un muro cálido o contra una valla para incentivar la floración.

Acer pensylvanicum «Erythrocladum» 🏆
Arce; C: auró; E: astigar
☼ ☀ ❄❄❄ ◯ **A/E** 3–4,5 m
Este arbusto es de crecimiento lento, por lo que tarda bastante en madurar, pero la espera vale la pena. Una vez sus hojas han amarilleado y han caído, se pueden ver los jóvenes brotes de color rosa en todo su esplendor, madurando hacia un naranja rojizo con típicas estrías blancas serpenteantes. Plántelo en un suelo húmedo y fértil, añada fertilizante para arbustos de liberación controlada cada primavera y acolche todos los años.

Chimonanthus praecox
Calicanto de Japón, macasar; C: quimonant
☼ ❄❄❄ ◯ **A** 2,5–3 m **E** 1,8–2,5 m
Este bello arbusto requiere paciencia, ya que frecuentemente tarda unos cinco años en establecerse y empezar a florecer. Tras ese tiempo, cada invierno proporcionará como recompensa un despliegue de flores amarillas colgantes, remarcadas en su interior por un corazón de color marrón, mientras su dulce y especiada fragancia flota en el aire. Plántelo allí donde los rayos bajos del sol de invierno iluminen las inflorescencias.

Arreglo del cornejo

Los cornejos como *Cornus sanguinea* «Midwinter Fire», con los tallos de invierno ya crecidos, han de podarse a principios de la primavera. Elimine los crecidos el año anterior a la altura de la cepa leñosa más vieja. Los tallos resurgirán de nuevo antes del invierno siguiente.

Cornus sanguinea «Midwinter Fire»
Cornejo: C: sanguinyol; E: zuandurra; G: sangomiño
☼ ❄❄❄ ◯ **A** 90–120 cm **E** 90 cm
Este cornejo se arrastra hacia la luz durante el otoño, cuando sus hojas se vuelven de un delicado color amarillento con tonalidades de un rosa anaranjado antes de caer, bastante tarde, para revelar el soberbio colorido de los tallos. Éstos, de un resplandeciente color amarillo anaranjado, se vuelven de un rojizo rosado en los extremos. Pode los tallos leñosos salvo uno o dos de la base en primavera.

Erica x *darleyensis* «Silberschmelze»
Brezo; C: bruc; E: ainarra, txilarra; G: carroucha, carpaza
☼ ❄❄❄ ● **A** 30–38 cm **E** 45–60 cm
Los brezales y brezos de floración invernal proporcionan un buen recubrimiento del suelo durante los meses más fríos. Esta especie en concreto abre sus blancas flores a finales del otoño y la floración se prolonga hasta la primavera. Tanto *E.* x *darleyensis* como *E. carnea* y sus formas cultivadas tolerarán cualquier tipo de suelo, incluyendo los alcalinos, con tal de que estén bien drenados. Elimine las flores viejas a principios de la primavera para incentivar un crecimiento compacto.

Hamamelis x *intermedia* «Diane» 🏆
Nogal de las brujas; C: hamamelis
☼ ☀ ❄❄❄ ◯ **A/E** 3–3,7 m
Con sus aromáticas flores de color amarillo anaranjado en forma de araña, que maduran

produciendo unas avellanas que alegran el jardín a finales del invierno, *H.* x *intermedia* «Pallida» 🏆 es posiblemente la variedad más clásica y dulcemente aromática, pero «Diane» presenta interesantes flores rojas y tintes rojizos y anaranjados en otoño. Plántelo en un suelo neutro o ácido, húmedo y bien drenado.

Lonicera x *purpusii* «Winter Beauty» 🏆
Cerecillo, madreselva; C: xuclamel; E: atxaparra; G: madresilva
☼ ☀ ❄❄❄ ◯◐ **A** 2 m **E** 2,5 m
Con las madreselvas de floración invernal en ocasiones la relación es de amor-odio. Por un lado, las pálidas y dulcemente aromatizadas flores que nacen en invierno y a principios de primavera resultan maravillosas entre la maleza y son muy útiles para decorar los jarrones. Sin embargo, en verano estas trepadoras se vuelven desgarbadas y ocupan mucho espacio. Crecen bien en la mayoría de los suelos y, como mucho, necesitan un ahuecamiento ocasional tras la floración.

Rhododendron «Olive» 🏆
☀ ❄❄❄ ● **A** 90–120 cm **E** 75–90 cm
Este rododendro de floración temprana abre sus ramilletes de flores rosa púrpura, de 4 cm de longitud y anchura, en invierno,

ARBUSTOS CON FRUTOS Y FLORES EN INVIERNO

Daphne bholua «Jacqueline Postill» 🏆 ◯●
Ilex aquifolium «Madame Briot» 🏆 ●
Mahonia x *media* «Buckland» 🏆 ●
Rhododendron dauricum «Hokkaido» ◯◐
Skimmia japonica subsp. *reevesiana* ●
Viburnum tinus «Eve Price» 🏆 ●

contra un limpio fondo de hojas de un verde oscuro y brillante. Plántelo en un suelo ligeramente húmedo, bien drenado y ácido, lejos de los vientos fríos y del sol de las primeras horas de la mañana.

Sarcococca hookeriana var. *digyna* 🏆
Boj de Navidad, sarcococa
☀ ● ❄❄❄ ● **A** 1,2 m **E** 1,5 m
Los matorrales formados por los tallos presentan elegantes hojas alargadas que, aunque tienden a armonizar con el fondo durante la mayoría de los meses del año, toman vida con grupos de pequeñas y aromáticas flores blancas en invierno. La dulce fragancia que flota en el aire parece extraña para este útil arbusto cobertor del suelo. Plántelo cerca de vallas o puertas o en zonas de paso para disfrutar de los beneficios de su fragancia. Puede propagarse tomando esquejes en verano o separando los retoños en invierno.

Viburnum x bodnantense «Dawn»

Viburnum x *bodnantense* «Dawn» 🏆
☼ ☀ ❄❄❄ ◯ **A** 2,5–3 m **E** 1,8–2,2 m
Incluso si una fuerte helada estropea las flores abiertas, este arbusto que florece en invierno tiene otras muchas esperando para el siguiente período de clima suave. Los grupos de capullos rosas que al abrirse dan aromáticas flores tubulares de color rosa pálido se producen de forma continuada desde principios del invierno a inicios de la primavera. Evite que el arbusto se desarrolle demasiado alto y leñoso podando los tallos más viejos tras la floración.

◁ TODOS LOS *nogales de las brujas presentan aromáticas flores en forma de arañas. Las de* Hamamelis x intermedia *«Diane» son de color rojo oscuro, y en otoño les siguen hojas de luminosos colores.*

CLAVE: 🏆 *galardonadas* ☼ *sol* ☀ *semisombra* ● *sombra* ❄ *semirresistentes* ❄❄ *resistentes a heladas* ❄❄❄ *totalmente resistentes* ◯ *caduca* ● *perenne* ◐ *semiperenne* **A** *altura* **E** *envergadura*

Plantas para cubrir muros soleados

Las plantas que se utilizan para cubrir muros entran en una de las dos categorías siguientes: trepadoras y arbustos. Especialmente adaptadas para adherirse o enroscarse al soporte, las trepadoras son una inmejorable solución para una superficie vertical. Muchos arbustos permiten también que su crecimiento se dirija hacia arriba, y, al igual que las trepadoras, se benefician del resguardo que ofrecen los muros que se encuentran orientados hacia el sol durante la mayor parte del día. El calor es absorbido por el muro durante el día y liberado por la noche.

Solanum crispum

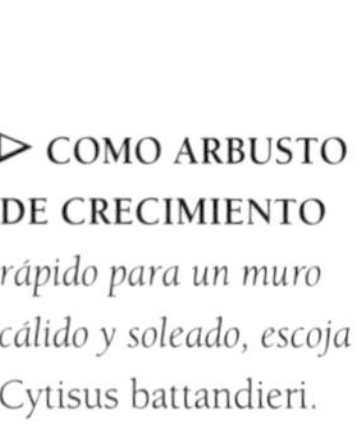

▷ **COMO ARBUSTO DE CRECIMIENTO** *rápido para un muro cálido y soleado, escoja* Cytisus battandieri.

Abutilon vitifolium
Abutilón; C: abútilon

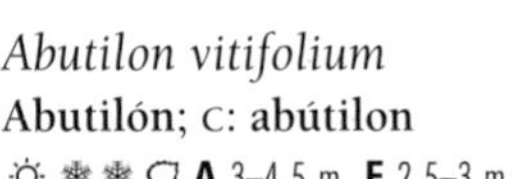

☼ ❄❄ ◊ **A** 3–4,5 m **E** 2,5–3 m

Escoja este resistente *Abutilon* si desea cubrir rápidamente un muro. Aunque no es una planta trepadora, no requiere soporte, y desde finales de la primavera a principios del verano se cubrirá de flores azul púrpuras con forma de platillo de 8 cm de anchura. Las hojas vellosas tienen una forma parecida a las del arce. Plántelo sobre suelos bien drenados y, en el caso de ser necesario, pódelo tras la floración para mantener el tamaño. En primavera elimine los tallos estropeados por las heladas.

Actinidia kolomikta

Actinidia kolomikta ♀

☼ ❄❄❄ ◊
A/E 3,7–5 m

Relacionada con el kiwi, esta trepadora que se enrosca sobre su soporte se cultiva por sus grandes hojas acorazonadas que presentan un estrambótico colorido cuando son jóvenes. Sus extremos se tornan blancos y rosas como si se hubiera vertido pintura sobre ellos, y pequeñas flores blancas nacen a principios del verano. Si fuera necesario, pódela para restringir su crecimiento una vez que los colores se hayan marchitado. Los brotes jóvenes se dañan con las heladas.

Buddleja crispa
Budleya; C: budleia

☼ ❄❄ ◊ **A/E** 2,5–3 m

Los tallos y las hojas, cubiertos por un denso fieltro blanquecino, son fáciles de adaptar contra un muro. Proporcionan un fondo plateado ideal para las panículas de aromáticas flores lilas de garganta anaranjada que se abren ya entrado el verano hasta finales de la estación. Plántela en un suelo bien drenado y proporciónele protección. Pódela en primavera reduciendo la longitud de los brotes laterales del año precedente.

Cytisus battandieri ♀

☼ ❄❄ ◊ **A/E** 3,7–4,5 m

Este maravilloso arbusto resulta fácil de apoyar contra un muro o valla alta. Ate los largos tallos con bonitas hojas trifoliadas plateadas y pode los que no se deseen tras la floración. En uno o dos años las plantas jóvenes deberían producir penachos erguidos de flores con aroma a piña desde principios a mediados del verano. Plántelo en suelos pobres y bien drenados y evitará trastornos.

Piptanthus nepalensis

☼ ☀ ❄❄ ◊ **A** 2,5 m **E** 1,8 m

Este sorprendente arbusto crece bien contra un muro abrigado y se ha de plantar en un suelo bien drenado. Los tallos pueden guiarse cuando son jóvenes. Los folíolos son de una coloración oscura verde azulada en el haz y más blanquecina en el envés, un efecto que contrasta bien con los tallos de color verde oscuro. Las flores bilabiadas de color amarillo aparecen a finales de la primavera y principios del verano. Ahueque los ejemplares más maduros eliminando cada uno o dos años sus tallos más antiguos o débiles tras la floración. Se puede propagar mediante semillas

PLANTACIÓN DE MUROS

Inunde el suelo de la zona antes de cavar el agujero de plantación, que debería situarse al menos a unos 30 cm de distancia del muro. Empape las raíces de la nueva planta y libere las que estén aglomeradas antes de plantarla. Asegúrese de que las plantas jóvenes reciban agua suficiente mientras se establezcan. El suelo a los pies de un muro se encuentra a menudo a resguardo de la lluvia, por lo que permanecerá seco incluso cuando el resto del jardín esté húmedo.

PLANTAS POCO HABITUALES PARA MUROS SOLEADOS

Acacia dealbata ♕ ●
Ceanothus impressus ♕ ●
Eriobotrya japonica ♕ ●
Fremontodendron «California Glory» ♕ ●
Jasminum officinale ♕ ○◐
Mutisia oligodon ●
Rhamnus alaternus «Argenteovariegata» ♕ ●
Ribes speciosum ♕ ◐

sembradas en primavera o a través de esquejes en verano.

Robinia hispida ♕
Acacia rosada; C: robínia rosa
☼ ❄❄❄ ○
A 2,5–3,7 m **E** 2,5 m
Este vistoso arbusto para muros, que empieza a florecer mucho antes que la mayoría de glicinas, produce racimos de vistosas flores papilionadas de color rosa a principios de verano. El follaje produce un efecto magnífico, con sus folíolos de coloración verde clara, cuyos nervios se extienden justo tras las hojas. Los brotes maduros se cubren con pelos y son bastante frágiles. Crece bien sobre suelos pobres pero requiere protección de los vientos fríos.

Rosa banksiae var. *banksiae* «Lutea» ♕
☼ ❄❄❄ ◐ **A** 6 m **E** 3,7 m
Este clásico rosal ligeramente tierno es ideal para hacerlo crecer sobre un muro protegido de la vivienda. Aunque le cuesta establecerse, la espera se ve recompensada por un distinguido despliegue de flores dobles de color amarillo pálido y delicadamente fragantes a finales de la primavera. Recogidas en ramilletes, las pequeñas inflorescencias individuales son abundantes, de manera que casi cubren por completo la planta. Pode los tallos florales dejando sólo unos pocos tras la floración.

Rosa «Madame Grégoire Staechelin» ♕
☼ ❄❄❄ ◐ **A** 3,7–6 m **E** 2,5–3,7 m
Escoja este soberbio rosal para un muro alto y soleado. Su bonito y brillante follaje verde oscuro viene acompañado por un despliegue de suntuosas flores dobles redondeadas, de color rosa y ligeramente colgantes. Aunque no se repite la floración, una gran cantidad de frutos rojos redondeados cubrirá la planta. Pódelo en otoño o primavera.

Solanum crispum «Glasnevin» ♕
☼ ❄❄❄ ◐ **A** 2,5–4,5 m **E** 2,5 m
Este vigoroso arbusto es ideal para cubrir un muro, por el que se enredará libremente. Intente cultivarla junto con *Abutilon* x *suntense*, ya que ambas proporcionan una masa púrpura, aunque *Solanum* abre sus inflorescencias estrelladas y de centro amarillo en verano, las cuales siguen hasta bastante tiempo después de que *Abutilon* haya acabado. Plántelo en un suelo bien drenado y pódelo tras la floración si fuera necesario.

Wisteria sinensis ♕
Glicina; C: glicina
☼ ☀ ❄❄❄ ○ **A** 2,5–6 m **E** 2,5–4,5 m
Probablemente una de las plantas trepadoras más atractivas, la glicina puede guiarse por un muro atándola a un armazón de crecimiento de patrón lateral. Acorte los principales tallos hacia la mitad del verano mientras se establezca, y luego pode los laterales 25 cm cada verano y hastas dos o tres yemas en invierno. Disfrute su fugaz despliegue de aromáticos racimos de flores azul liláceas a finales de la primavera.

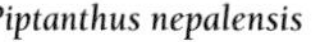

Piptanthus nepalensis

Wisteria sinensis

CLAVE: ♕ *galardonadas* ☼ *sol* ☀ *semisombra* ✹ *sombra* ❄ *semirresistentes* ❄❄ *resistentes a heladas* ❄❄❄ *totalmente resistentes* ○ *caduca* ● *perenne* ◐ *semiperenne* **A** *altura* **E** *envergadura*

Plantas para muros umbríos

Algunas plantas no solamente toleran bien la sombra, sino que se desarrollan mejor en ella. En un jardín expuesto al sol en casi toda su superficie, un tramo de muro o de valla fresca puede resultar de gran ayuda, ya que proporcionará sombra a las plantas y un lugar fresco para que enraicen. Las trepadoras y los arbustos que se describen a continuación pueden utilizarse como telón de fondo para otros arbustos ornamentales que agradecen una sombra fresca durante los meses estivales, como los rododendros y las hortensias.

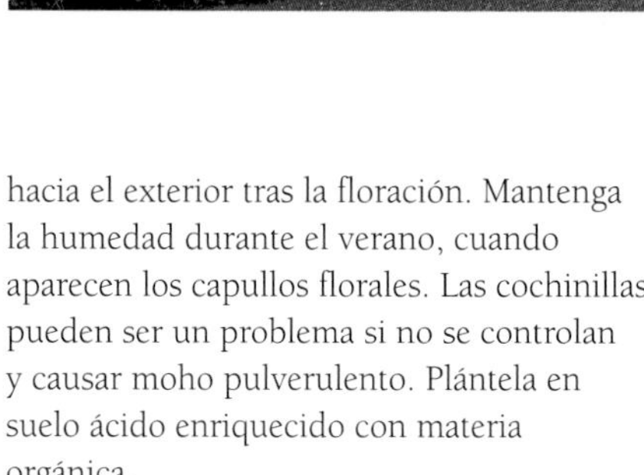

FIJAR LAS PLANTAS

Algunas trepadoras y la mayoría de los arbustos han de guiarse durante el crecimiento por el muro o por su valla de soporte. Un método que funciona bien consiste en disponer alambres horizontales en paralelo, tensados fuertemente entre dos puntos a una distancia entre ellos de unos 60 cm. Las espalderas también son efectivas, pero además resultan sumamente atractivas. Otra solución sencilla es clavar unos clavos en el mortero que hay entre los ladrillos y atar a ellos los tallos que deban fijarse.

Azara microphylla ♀

☼ ☀ ❄❄ ● **A** 3 m **E** 2,2 m

Aunque es el más resistente de su género, este arbusto o pequeño árbol de origen chileno y argentino crece mejor cuando se le proporciona el resguardo de un muro. Las pequeñas y relucientes hojas de color verde oscuro, dispuestas de forma ordenada, se ven acompañadas, a finales del invierno y de la primavera, por pequeñas flores amarillas de aroma avainillado, compuestas básicamente por estambres. Plántelo en un suelo bien drenado y enriquecido con materia orgánica.

Camellia japonica «Alba Plena»

Camelia; C: cameliera; E: kamelia; G: cameleira

☀ ❄❄❄ ● **A** 3 m **E** 1,8 m

Las variedades cultivadas de *Camellia japonica* pueden alcanzar mayores dimensiones que las anteriores, aunque esto es un problema fácilmente controlable mediante podas. Las pequeñas flores dobles y blancas de esta forma cultivada se abren a principios de la primavera y deben protegerse de las heladas. Pode los tallos no deseados y los que crezcan hacia el exterior tras la floración. Mantenga la humedad durante el verano, cuando aparecen los capullos florales. Las cochinillas pueden ser un problema si no se controlan y causar moho pulverulento. Plántela en suelo ácido enriquecido con materia orgánica.

Chaenomeles speciosa «Moerloosii» ♀

Membrillero japonés; C: codonyer del Japó

☼ ☀ ❄❄❄ ○ **A/E** 2,5 m

Guíe los tallos de este arbusto de crecimiento extenso hasta lograr una forma de abanico dispuesta contra un muro o una valla. Con grupos de flores de color de las flores de manzano, garantiza la luminosidad de un muro sombrío durante principios y mediados de la primavera. Tras la floración, pode las ramas indeseadas y las que crecen hacia el exterior, dejando tres de las más antiguas.

***Hedera helix* «Oro di Bogliasco»**

Hedera helix «Oro di Bogliasco»

Hiedra; C: heura; E: huntza; G: hereira, heradeira

☀ ❄❄❄ ● **A** 6 m **E** 3,7 m

Aunque le cuesta establecerse, una planta joven de esta magnífica hiedra empezará a trepar en serio hacia el tercer año después de plantarse. Adhiriéndose con raíces caulinares,

◁ LA VIÑA VIRGEN (Parthenocissus quinquefolia) *puede utilizarse para iluminar un muro o valla con su brillante colorido otoñal.*

Hydrangea anomala

nunca mira hacia atrás, y produce masas de luminosas hojas verdes, cada una marcada con una mancha dorada central. Finalmente, el crecimiento requerirá un recorte anual, por lo general a finales del invierno. Los ácaros pueden causar pequeñas manchas.

Hydrangea anomala subsp. *petiolaris* 🏆

Hortensia; C: hortènsia

☼ ☀ ❄❄❄ ◯ **A/E** 7,5 m

Esta especie es una opción clásica para los muros umbríos y es una planta que requiere bastante espacio. Su atractivo follaje produce una buena base para las etéreas cabezuelas blancas producidas en verano. Están formadas por una zona central de flores femeninas rodeada de flores estériles de mayor tamaño. Los tallos, que se adhieren al muro mediante raíces aéreas, pueden podarse para restringir su tamaño inmediatamente después de la floración.

Jasminum nudiflorum 🏆

Jazmín de invierno; C: gessamí d'hivern, englatina; E: jasmina; G: xasmin

☼ ☀ ❄❄❄ ◯ **A/E** 3 m

De gran popularidad, el jazmín de invierno es un buen representante de este género y resulta fácil de cultivar. Plante por lo menos uno para obtener una profusión de bonitas flores amarillas nacidas en invierno sobre los tallos de color verde luminoso. Guíe los tallos jóvenes tras la floración, y, más adelante, pode los viejos y los no deseados; asimismo, acorte los laterales dejándoles tres o cuatro yemas.

Parthenocissus quinquefolia 🏆

Viña virgen; C: vinya verge

☼ ☀ ❄❄❄ ◯ **A/E** 15 m

Los tallos colgantes de esta trepadora están adornados con hojas compuestas por cinco folíolos de 10 cm de longitud. Los tallos cuelgan del armazón establecido, que se fija a sí mismo mediante zarcillos que presentan una especie de discos adherentes. El final del otoño constituye un despliegue de brillantes tonalidades rojas y púrpuras antes de la caída de las hojas. Las insignificantes flores veraniegas se convierten en atractivos frutos de color negro azulado muy apreciados por las aves. Pódela en invierno y guíe los tallos por el armazón cuando se requiera.

Pileostegia viburnoides 🏆

☼ ● ❄❄❄ ● **A** 6 m **E** 3,7 m

Hay pocas plantas trepadoras perennifolias que se fijen por sí mismas y que resulten adecuadas para muros umbríos, algo que hace que esta planta sea especialmente apreciada. La desventaja es que tarda varios años en establecerse y florecer bien. Sin embargo, las panículas de pequeñas flores de color crema dan lugar a un bello espectáculo a finales del verano, contra un fondo de largas hojas coriáceas. Las plantas maduras se guían por sí mismas libremente.

Prunus cerasus «Morello» 🏆

Cerezo; C: cirerer; E: gereizondo; G: cerdeira

☀ ❄❄❄ ◯ **A/E** 2,2 m

Un cerezo en forma de abanico es atractivo, cuenta con frutos comestibles, autopolinizable y resulta fácil de proteger de las heladas y los pájaros. Sus tallos tardan unos cuatro años en adquirir la forma de abanico. Posteriormente, en primavera, han de eliminarse los nuevos brotes, dejando sólo uno en cada rama lateral fructificante. Tras la fructificación, a finales de verano, corte los laterales portadores de frutos, y deje que sean los nuevos brotes los que produzcan los frutos del año siguiente.

Pyracantha «Mohave»

Espino de fuego; C: piracant

☼ ☀ ❄❄❄ ● **A** 4 m **E** 5 m

El crecimiento ordenado de *Pyracantha* puede guiarse de manera formal o informal contra un muro. Pueden formar delgados bigotes bajo las ventanas o tiras paralelas sobre los muros de la vivienda. Su floración blanca, a principios del verano, viene seguida de una cosecha de brillantes bayas rojas que duran hasta el invierno. Acorte las ramas laterales tras la floración, dejando las bayas en desarrollo en su sitio. Elimine en primavera los tallos frutales viejos.

Pileostegia viburnoides

CLAVE: 🏆 *galardonadas* ☼ *sol* ☀ *semisombra* ● *sombra* ❄ *semirresistentes* ❄❄ *resistentes a heladas* ❄❄❄ *totalmente resistentes* ◯ *caduca* ● *perenne* ◐ *semiperenne* **A** *altura* **E** *envergadura*

Plantas para cubrir vallas

Las vallas son un buen cerramiento instantáneo aunque pueden ofrecer una apariencia inhóspita. La solución está en suavizarlas con trepadoras o arbustos, teniendo en cuenta que puede ser necesario retirarlos de la valla periódicamente con fines de mantenimiento. Muchas de las trepadoras descritas en las páginas precedentes también son adecuadas para crecer sobre vallas. No deje pasar por alto algunas anuales como los guisantes de olor.

Passiflora caerulea

Ampelopsis glandulosa var. *brevipedunculata* «Elegans»
◑ ❄❄ ○ **A/E** 1,2 m
Esta refinada parra, cultivada por su follaje moteado de rosa o crema sobre un fondo verde, cuelga de su soporte gracias a unos tallos adherentes. Las flores son insignificantes, pero desarrollan una producción de bayas que pasan de un color rosa púrpura a un tono azulado. Pódela en primavera si fuera necesario y, para el mantenimiento sobre una valla, recorte drásticamente las ramas. Plántela en un suelo bien drenado.

Cotoneaster horizontalis 🏆
Guillomo; C: cotonéaster
☼ ◑ ❄❄❄ ○ **A** 1,2 m **E** 1,5 m
Por naturaleza, es una planta cobertora de suelo, aunque también puede crecer hacia arriba para decorar una valla gracias a sus tallos portadores de hojas de un limpio verde oscuro dispuestas por parejas. Pequeñas flores blancas de tintes rosados se abren en primavera, seguidas por una profusión de frutos rojos que persisten sobre la planta incluso cuando las hojas se tiñen de rojizo y, hacia mediados de invierno, se caen. Plántelo junto con el jazmín de invierno para conseguir un buen efecto y sitúe la base algo alejada de la valla. Tolera los lugares secos.

Euonymus fortunei «Silver Queen» 🏆
Bonetero; C: evónim
☼ ◑ ❄❄❄ ● **A** 3 m **E** 1,2 m
Cuando se le ofrece el soporte de una valla u otra estructura, este bonito arbusto perennifolio toma un hábito trepador. Sus hojas ovales y coriáceas tienen los márgenes teñidos de un blanco crema que las hace muy bonitas contra un fondo oscuro, y toman un tinte rosado cuando el clima es frío. Plante la base lejos de la valla para poder llevar a cabo su mantenimiento.

Cotoneaster horizontalis

Lathyrus latifolius

Lonicera japonica «Halliana»

Geranium «Ann Folkard»
☼ ◑ ❄❄❄ ○ **A** 60 cm **E** 1 m
Este *Geranium* herbáceo trepador resulta muy útil para tapar huecos entre la vegetación existente en una valla. No solamente envía sus tenues tallos de hojas amarillo verdosas en todas direcciones, sino que también ilumina la zona con sus flores de color magenta en forma de platillo, de larga duración, que se mantienen desde mediados del verano a mediados del otoño. Los esquejes enraizan fácilmente en agua o en el sustrato.

Lathyrus latifolius 🏆
Guisante de flor, guija de hoja ancha
☼ ◑ ❄❄❄ ○ **A** 1,8 m **E** 1,5 m
Con unas flores rosas o púrpuras agrupadas densamente como inflorescencias en forma de concha, esta planta vivaz con guisantes relativamente dulces es buena trepadora. Las plantas trepan por las vallas en primavera y a principios del otoño, tras lo cual mueren. La variedad *L. l.*» White Pearl» 🏆 presenta unas flores blancas soberbias. Esta especie tolera mejor que el guisante de olor la pobreza del suelo y una cierta sequedad, pero desgraciadamente no es aromática.

Lonicera japonica «Halliana» 🏆
Madreselva, cerecillo; C: lligabosc; E: basoetako, atxaparra; G: madresilva
☼ ◑ ❄❄❄ ●○ **A** 4,5 m **E** 3 m
Una valla desaparecerá por completo bajo la abundancia de la madreselva. Los tallos entretejidos, que presentan hojas ovaladas dispuestas por parejas, requieren inicialmente un soporte, pero más tarde

△ *ROSA* «CLIMBING ICEBERG» *decorará una valla con sus explosiones de blancas flores dobles.*

PODAR UNA ZARZA

Los fantasmales tallos de *Rubus cockburnianus* «Golden Vale» tienen un aspecto magnífico cuando crecen contra una valla. Para evitar que se enreden, pode los tallos a principios de la primavera con el fin de ahuecar la mata. Los tallos más antiguos pueden eliminarse por completo cortándolos cerca de la base. Reemplácelos por tallos nuevos.

cuelgan sobre sí mismos. Las blancas flores del principio se vuelven amarillas y aparecen desde la primavera hasta el verano, aromatizando el aire a bastante distancia. Para mantenerla, pode la planta entera o bien replántela con una base de raíces.

Passiflora caerulea 🏆

Pasionaria, flor de la pasión; C: passionera

☼ ☀ ❄❄ semiperenne **A/E** 4,5 m

Hay pocas trepadoras más exóticas que esta resistente pasionaria, que abre sus flores durante el verano. Las coronas de pétalos son azules y blancas, y recuerdan a las coloridas anémonas de mar. Los frutos anaranjados son muy decorativos y, aunque comestibles, resultan secos e insípidos. Plántela en suelos pobres y bien drenados y ofrezca un soporte inicial para los tallos revestidos de zarcillos. Pódela en primavera y córtela para el mantenimiento de la valla.

Rosa «Climbing Iceberg» 🏆

☼ ❄❄❄ caduca semiperenne **A/E** 3 m

El bonito follaje verde de este rosal se complementa con grupos de blancas flores dobles que aparecen desde el verano hasta el otoño. Pódelo durante el otoño en las regiones de clima templado, cosa que aclimatará el rosal para el invierno; en otros casos, pódelo a principios de primavera. Ate fuerte los tallos a la valla para crear un armazón y luego recorte los tallos de crecimiento lateral para acortar los espolones. Deshaga las ataduras y tienda el rosal en el suelo para realizar el mantenimiento de la valla.

Rosa «Paul's Scarlet Climber»

☼ ☀ ❄❄❄ caduca semiperenne **A** 3 m **E** 2,5 m

Este rosal florece una única vez en verano pero se ve cubierto por flores semidobles de color escarlata agrupadas en inflorescencias. Es un compañero de valla ideal para el rosal de la variedad «Climbing Iceberg». Ninguno de ellos es aromático pero en la parte trasera de un arriate, contra una valla, el efecto visual es impactante. Es un rosal resistente que tolera bien los suelos pobres. Pódelo de la misma forma que la variedad «Climbing Iceberg».

Rubus cockburnianus «Golden Vale»

Zarza; C: esbarzer; E: mazusta; G: silva, xibarda

☼ ❄❄❄ caduca **A/E** 1,2–1,8 m

Este arbusto presenta un buen aspecto durante todo el año. Desde la primavera al otoño, los tallos espinosos se visten de hojas que recuerdan a las de los helechos, de color amarillo dorado. Éstas caen en otoño dejando ver los tallos blancos de aspecto fantasmal que configuran un elemento de gran interés durante todo el invierno. Pódelo a principios de la primavera: corte los tallos cercanos al suelo y los de la parte superior para mantener la altura, así como los débiles y los no deseados. Plántelo a una cierta distancia de la valla para realizar el mantenimiento de la misma.

CLAVE: 🏆 *galardonadas* ☼ *sol* ☀ *semisombra* ✹ *sombra* ❄ *semirresistentes* ❄❄ *resistentes a heladas* ❄❄❄ *totalmente resistentes* *caduca* *perenne* *semiperenne* **A** *altura* **E** *envergadura*

Plantas trepadoras para arcos y pérgolas

Los arcos y las pérgolas constituyen estructuras verticales en el jardín y forman buenos armazones para las plantas que se aferran y trepan. Asegúrese de que su tamaño sea proporcionado al de la vivienda y el jardín; una pérgola de dimensiones generosas significa mucho espacio incluso para las trepadoras de mayor tamaño. Proporcióneles un apoyo y una dirección inicial, para luego dejarlas crecer a su aire.

Akebia quinata
☼ ◐ ❄❄ ⊘ **A/E** 2,5–6 m
En primavera, asomando entre los folíolos de color verde fresco se encuentran las pequeñas pero inusuales flores de esta interesante planta trepadora. Cada una de ellas contiene tres sépalos de un marrón purpúreo y proporciona un perfume con reminiscencias de vainilla, especias y, posiblemente, chocolate con leche. En una zona bien iluminada, las plantas maduras pueden producir frutos alargados de un peculiar colorido purpúreo. Permita que las plantas crezcan libremente en una pérgola; pódelas tras la floración para restringir su talla si fuera necesario.

Akebia quinata

Eccremocarpus scaber 🏆
☼ ❄❄ ⊘ **A** 1,2–3 m **E** 1–1,5 m
Esta alegre planta trepadora con zarcillos crece fácilmente a partir de la siembra de semillas en primavera. Puede tratarse igual que una anual, aunque en zonas de clima benévolo puede ser vivaz. Abre sus flores rojas tubulares con gargantas anaranjadas desde principios del verano hasta el otoño. También se encuentran disponibles las mezclas de semillas de plantas de floración rosada y amarilla. Para obtener los mejores resultados, plántelas en un suelo fértil y bien drenado.

Holboellia coriacea
☼ ◐ ❄❄ ⊘ **A/E** 2,5–6 m
Emparentada y posiblemente confundida con el género *Stauntonia*, esta especie es la más resistente de su grupo. Es una trepadora autoadherente y presenta un follaje atractivo y unas flores primaverales que se separan en femeninas y masculinas. Las masculinas, tintadas de púrpura, nacen en grupos en los extremos de los tallos, mientras que las femeninas son de un color blanco verdoso y nacen de las axilas de las ramas. Los frutos, cuando salen, son alargados y de color púrpura. Pódela de la misma forma que *Akebia*.

Humulus lupulus «Aureus» 🏆
Lúpulo; C: llúpol; E: lupulu; G: lúparo
☼ ◐ ❄❄❄ ⊘ **A/E** 3–5 m
Este lúpulo trepador de hoja caduca es ideal para un arco o una pérgola a la que se le haya de proporcionar sombra durante el verano, pero de forma que permita el paso de la luz durante el invierno. Sus tallos herbáceos, tapizados con hojas amarillo verdosas de forma lobulada, crecen sobre los soportes durante el verano, pero mueren de nuevo en invierno. Plántelo en un lugar soleado para obtener colores más vivos. Proporciónele un suelo húmedo y fértil.

Lonicera periclymenum «Serotina»

Lonicera periclymenum «Serotina» 🏆
Madreselva común; C: lligabosc; E: atxaparra; G: madresilva
☼ ◐ ● ❄❄❄ ⊘ **A** 3,7–6 m **E** 3,7 m
Las madreselvas resultan muy atractivas a principios del verano, pero escoja ésta si desea prolongar la sucesión de flores y la dulce fragancia hasta bien entrado el verano y el otoño. Los capullos, de un color rojo purpúreo, se abren dejando paso a unas flores blancas con franjas rosa púrpura. Las flores son propensas a sufrir ataques de áfidos. Para evitarlo puede utilizar insecticida o atraer a los pájaros hacia su jardín. Acorte los tallos a principios de la primavera.

Rosa «Compassion» 🏆
☼ ❄❄❄ ⊘
A 3 m **E** 2,5 m
Los exquisitos capullos de esta moderna rosa se abren dejando paso a flores dobles de un delicado color rosa salmón. Cuando están totalmente abiertas revelan un centro de estambres

△ **DEJE QUE LAS TREPADORAS** *crezcan libremente pero no permita que plantas como el lúpulo ahoguen a los rosales.*

dorados. La fragancia es plena y afrutada. Ate los tallos a los soportes y elimine las rosas marchitas asiduamente para asegurar que en verano y en otoño aparezcan buenas flores. Pódelo a finales de otoño o a principios de la primavera.

Rosa «Félicité Perpétue» 🏆

☼ ◐ ❄❄❄ ◍ **A** 4,5 m **E** 3,7 m

Esta bonita trepadora florece a finales del verano, después de la mayoría de los rosales. Al principio aparecen pequeños capullos rojos, cada uno de los cuales se abre en una roseta de pétalos de color blanco crema. Otros atributos son su perfume y el follaje brillante. Pódelo ligeramente en verano.

Tropaeolum peregrinum

Capuchina canaria

☼ ❄ **A** 1,5–2,5 m **E** 90 cm–1,8 m

Al ser una especie que cubre los huecos existentes con gran rapidez, resulta útil

Vitis coignetiae

para vestir estructuras nuevas y tapar temporalmente agujeros allí donde las plantas viejas han muerto. Siembre esta trepadora anual a finales del invierno o principios de la primavera en el invernadero, para plantarla en el exterior tan pronto como haya pasado el peligro de heladas. Durante todo el verano y entrado el otoño produce masas de hojas y de flores con flecos y espuelas de color amarillo brillante, que parecen pequeños pájaros.

Vitis coignetiae 🏆

Vid; C: **vinya**

☼ ◐ ❄❄❄ **A/E** 4,5–15 m

Las grandes hojas de forma acorazonada de unos 30 cm de longitud de esta estupenda vid son exuberantes y verdes durante el verano, pero se cultiva principalmente por el magnífico efecto que producen en otoño, cuando se tornan de tonalidades amarillas, naranjas, rojas y purpúreas. Plántela sólo en pérgolas grandes y pódela drásticamente durante el invierno. Evite cortar los tallos leñosos durante el verano.

Wisteria floribunda «Multijuga» 🏆

Glicina; C: **glicina**

☼ ◐ ❄❄❄ ○ **A/E** 9 m

La reina de las glicinas produce racimos colgantes de 30 cm o más de longitud de aromáticas flores blancas y azul malva a principios del verano. Las pérgolas permiten que crezcan a su aire. Controle el crecimiento acortando en verano los laterales; deje en los tallos de cuatro a seis hojas y pódela en invierno, dejando sólo dos o tres tallos del antiguo armazón.

TREPADORAS PARA PÉRGOLAS

Clematis alpina 🏆 ○
Clematis «Bill MacKenzie» 🏆 ○
Lonicera x *brownii* «Dropmore Scarlet» ◍
Lonicera x *italica* ○
Lonicera periclymenum «Belgica» 🏆 ○
Lonicera periclymenum «Graham Thomas» 🏆 ○
Rosa «Madame Alfred Carrière» 🏆 ◍
Tropaeolum tuberosum var. *lineamaculatum* «Ken Aslet» 🏆 ○

PODAR Y GUÍAR

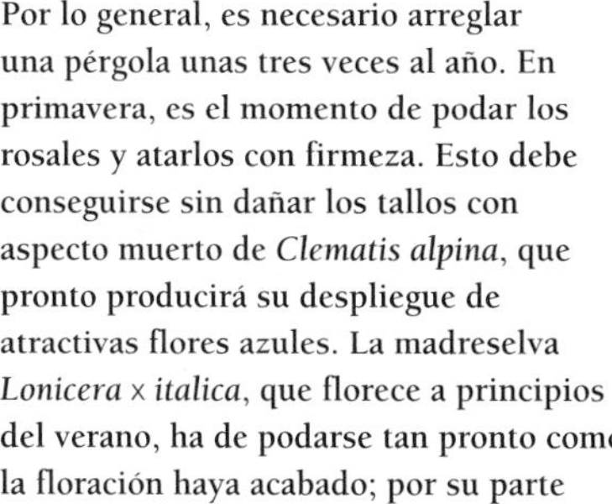

Por lo general, es necesario arreglar una pérgola unas tres veces al año. En primavera, es el momento de podar los rosales y atarlos con firmeza. Esto debe conseguirse sin dañar los tallos con aspecto muerto de *Clematis alpina*, que pronto producirá su despliegue de atractivas flores azules. La madreselva *Lonicera* x *italica*, que florece a principios del verano, ha de podarse tan pronto como la floración haya acabado; por su parte los rosales requerirán un arreglo a finales de la estación.

CLAVE: 🏆 galardonadas ☼ sol ◐ semisombra ● sombra ❄ semirresistentes ❄❄ resistentes a heladas ❄❄❄ totalmente resistentes ○ caduca ● perenne ◍ semiperenne **A** altura **E** envergadura

Plantas cobertoras del suelo

Lamium maculatum «Pink Nancy»

Estas valiosas plantas, en su mayoría herbáceas, proporcionan espacios de respiro entre otros elementos del jardín, al mismo tiempo que impiden el desarrollo de la maleza y protegen el suelo de los rayos solares. Muchas son muy bellas por separado, pero cuando crecen entrelazadas en el suelo proporcionan una buena cobertura.

ESPACIADO DE LAS PLANTAS

Para crear una buena cobertura para el suelo, plante varios ejemplares de la misma especie para que se entretejan hasta formar una masa satisfactoria. Las distancias de plantación variarán según el tipo de planta. Sitúe las matas como *Genista* y *Euonymus* a intervalos de 38 cm, y las herbáceas que forman grandes macizos, como *Stachys*, los geranios y *Alchemilla*, a una distancia entre ellos de 30 cm. Disponga pequeñas porciones de plantas rastreras, como la ortiga y la búgula, a una distancia de 20 cm. Plante bulbos como *Allium* y los narcisos entre ellas.

Alchemilla mollis 🏆

☼ ◐ ❄❄❄ ◌ **A** 45–60 cm **E** 60–75 cm

Las suaves hojas redondeadas de márgenes lobulados y dentados son preciosas cuando están cubiertas por el rocío. Sus pequeñas flores de un amarillo verdoso son preciosas individualmente y en conjunto forman una suave nube sobre la planta a principios y mediados del verano. De cultivo fácil y tolerante a la sequía, una sola planta produce una mata lo suficientemente grande como para poder arrancarla, dividirla y plantar los trozos durante la primavera o el otoño. Estas vivaces también se dispersan a su alrededor mediante semillas.

Bergenia «Sunningdale»

Bergenia; C: bergènia

☼ ◐ ❄❄❄ ● **A** 30–45 cm **E** 45–60 cm

Con su recio follaje coriáceo perenne, las hortensias de invierno forman una cobertura del suelo que dura todo el año y que resulta adecuada para una zona formal, como un pequeño jardín urbano. Esta especie produce bonitas hojas de color verde oscuro con un envés rojizo, que se vuelve de una tonalidad bronce rojiza durante el invierno. En primavera, los tallos rojos llevan flores rosas o lilas. Arránquela, divídala y replántela en grupos durante el otoño o la primavera.

***Bergenia* «Sunningdale»**

Corydalis cheilanthifolia

☼ ◐ ❄❄❄ ● **A/E** 30 cm

Estas resistentes vivaces forman elegantes macizos de hojas con forma de helecho, que se tornan de color bronce durante los períodos fríos. Los racimos de delicadas flores amarillas se producen desde la primavera hasta principios del verano. Son plantas fuertes que colonizan con facilidad el terreno. Elimine las hojas viejas tras las heladas de invierno. Arranque la planta, divídala y replántela en otoño, escogiendo un suelo bien drenado.

Cotoneaster salicifolius «Gnom»

Guillomo; C: cotonéaster

☼ ◐ ❄❄❄ ● **A** 23–30 cm **E** 90–150 cm

Capaz de proporcionar una cobertura densa y verde, esta mata de crecimiento lento presenta tallos colgantes de color púrpura con hojas verde oscuras de 2,5 cm de longitud, que adquieren una atractiva tonalidad broncínea durante el invierno. En una zona bien iluminada, las pequeñas flores blancas nacerán a principios del verano y se transformarán en abundantes bayas rojas. Tolera condiciones secas y es útil para cubrir arriates.

Epimedium pinnatum subsp. *colchicum* 🏆

Epimedio

◐ ❄❄❄ ● **A** 30–38 cm **E** 25 cm

Los epimedios presentan preciosas hojas de borde dentado y florecen en la sombra. Esta especie forma una excelente cobertura de suelo y produce flores amarillas de centro oscuro a principios de la primavera. Intente eliminar las hojas viejas a principios de esta estación para que se vean mejor las flores. El follaje nuevo es de tonalidad broncínea. Arránquela, divídala en porciones pequeñas en otoño, tras la floración, y replántela.

Genista lydia 🏆

Retama

☼ ❄❄❄ ◌ **A** 30–60 cm **E** 60–90 cm

Incluso cuando no está en flor, la masa verde brillante de tallos casi sin hojas de esta pequeña mata forma densos montículos estructurales. A principios del verano se abre una profusión de flores amarillas de forma papilionácea. Plántela en un

◁ *ALCHEMILLA MOLLIS es una cobertora de suelo de gran valor desde la primavera al otoño. Incluso durante la época en la que permanece inactiva, la masa de raíces no deja lugar a las malas hierbas.*

suelo bien drenado no demasiado rico. Esta planta no permite la aparición de malas hierbas y tolera la sequía. Tome los tallos semimaduros en verano.

Geranium macrorrhizum
Geranio balcánico
☼ ◐ ● ❄❄❄ A 38–50 cm E 60 cm
Las matas de aromáticas hojas bien formadas pronto se entrelazan para proporcionar una densa cobertura de suelo que impide la formación de maleza. Estas hojas se tornan rojizas en otoño, adoptando un tono más subido cuando crecen sobre un suelo pobre. Las flores de color rosáceo se producen a principios del verano. Las de *G. m.* «Ingwersen's Variety» ♈ son una opción particularmente adecuada por el color rosa pálido de sus flores. Arránquela, divídala y replántela en otoño o primavera.

Lamium maculatum «White Nancy» ♈
Chuchameles; C: ortiga fétida; E: asun borta
● ❄❄❄ A 8–15 cm E 30–90 cm
Este *Lamium* es difícil de superar como mata de cobertura extensa. Forma una alfombra de hojas plateadas y con el margen ribeteado de un verde que se ilumina en verano con las flores blancas. Los tallos no floríferos de los extremos son fáciles de enraizar, incluso en agua. Las hojas tienen tendencia a quemarse bajo el sol fuerte. *L. m.* «Pink Nancy» es igualmente útil y presenta flores rosas.

Stachys macrantha «Superba»
☼ ◐ ❄❄❄ A 60 cm E 30 cm
Además de cubrir bien el suelo, este *Stachys* es una planta de buena floración que combina a la perfección con especies de hoja plateada, así como con rosales maduros. Las rosetas de hojas oscuras y vellosas crecen erguidas para formar espigas de flores rosa púrpura al inicio del verano. Éstas florecen intermitentemente hasta el otoño. Plántela en un buen suelo húmedo. Extraiga secciones con raíz para producir nuevas matas.

Tiarella cordifolia ♈
◐ ● ❄❄❄ A 15–30 cm E 30 cm
Aunque infravalorada, esta planta cumple con éxito su función de cubrir el suelo. Está provista de bonitas flores de aspecto espumoso y de ásperas hojas acorazonadas que se tiñen de bronce en otoño. Durante el verano, se aviva con las inflorescencias espumosas de esponjosas flores blancas. Las raíces rastreras aseguran que se entretejan, lo que evita la aparición de malas hierbas. Plántela en un suelo bastante húmedo. Divídala y replántela en primavera.

Geranium macrorrhizum

Stachys macrantha

Tiarella cordifolia

CLAVE: ♈ galardonadas ☼ sol ◐ semisombra ● sombra ❄ semirresistentes ❄❄ resistentes a heladas ❄❄❄ totalmente resistentes caduca perenne semiperenne **A** altura **E** envergadura

Plantas de jardín campestre

El estilo de jardín campestre ha sido popular desde que se desarrolló la propia idea de jardín. Nuestro equivalente moderno es una versión romántica de las antiguas parcelas, y se basa en el cultivo de plantas de flor, tanto anuales como vivaces, variadas y llenas de colorido. Este estilo de jardín resulta muy seductor en pleno verano, su mejor momento, cuando la mezcla de flores y brillantes colores está en su máximo esplendor.

Iris «Jane Phillips»

Achillea filipendulina «Gold Plate» 🏆

Milenrama; C: milfulles; E: millorri, milorria; G: herba-do-bomdeus

☼ ❄❄❄ ● **A** 1,2 m **E** 75 cm

Las cabezuelas ligeramente abombadas de esta alta planta vivaz, formadas por pequeñas flores de un amarillo dorado, parecen sostenerse en el aire sobre las hojas desde principios del verano hasta inicios del otoño. Escoja un lugar espacioso e instale algún soporte a principios de la plantación, ya que en caso contrario los tallos jóvenes, aunque fuertes, podrían caer. Combina bien con flores plateadas, azules y púrpuras. Arránquela, divídala y replántela a principios de la primavera.

Alcea rosea grupo Chater's Double

Malvarrosa, malva real; C: malva reial

☼ ❄❄❄ ○ **A** 2–2,5 m **E** 60 cm

Aunque vivaces, las malvarrosas se tratan normalmente como bienales. La siembra se realiza en primavera, para plantarlas en otoño y obtener flores al verano siguiente. Cultivadas ampliamente a mediados del siglo XIX, las malvarrosas casi se extinguieron por culpa de las enfermedades fúngicas. Existen variedades cultivadas de flores sencillas o dobles entre las que escoger. Esta variedad de malvarrosa tiene flores como las de las peonías, se cultiva a partir de semillas y es lo que queda del antiguo Saffron Walden, con flores rojas, amarillas y pardas. Plántela en un suelo fértil para obtener los mejores resultados. Son plantas fuertes que normalmente sobreviven a los hongos.

Alcea rosea (semidoble)

Delphinium «Faust» 🏆

Espuela de caballero; C: esperó de cavaller

☼ ❄❄❄ ○ **A** 1,8 m **E** 60 cm

Para cultivar las mejores espuelas de caballero, seleccione primero las variedades que se distinguen por producir densas espigas de flores en verano; primero se abren las superiores, antes de que las inferiores empiecen a aparecer. La variedad «Faust» presenta flores semidobles de color azul y tonalidades purpúreas con centros oscuros. Ahueque los brotes en desarrollo dejando únicamente tres o cuatro de ellos en primavera y tomando los sobrantes para hacer ramos. Protéjalos contra las babosas durante todo el año y ponga soportes para las espigas de flores. Plántelo en un suelo bien acondicionado y manténgalo húmedo.

Gysophila paniculata

Gipsófila; C: nebulosa gran

☼ ❄❄❄ ○ **A** 75–120 cm **E** 90–120 cm

Esta bonita vivaz se asocia bien con la mayoría de las plantas, incluyendo los rosales. Las flores que se elevan entre la nube de pequeñas flores blancas de esta especie se

DAR APOYO A LAS PLANTAS

Una buena manera de dar soporte a plantas de tallos laxos como las margaritas es guardar tallos de las podas. Clavados en el suelo y dispuestos en ángulo con respecto a los tallos de las plantas, resultan impenetrables y flexibles.

CREAR UN JARDÍN DE ESTILO CAMPESTRE

- **Incluya formas fuertes en la estructura del jardín, y utilice plantas informales para crear arriates. Los arcos y otras estructuras similares crean rincones muy románticos.**
- **Plante el suelo que queda alrededor de los rosales con tomillo, violetas, *Stachys* y *Gysophila*.**
- **Escoja plantas con inflorescencias en forma de espiga, como las dedaleras, los lupinos, las malvarrosas o *Delphinium*.**
- **Distribuya nébedas o lavandas a ambos lados de los senderos, y no tema repetir estas especies en varios puntos del jardín.**
- **Introduzca plantas que autosiembren como la milenrama, *Lychnis coronaria* y amapolas.**

◁ CON LOS INGREDIENTES ADECUADOS, *como plantas formadoras de espigas como el gordolobo,* Centaurea, *la maravilla,* Leucanthemum, *el flox y* Lychnis chalcedonica, *conseguirá un romántico jardín campestre.*

combinan formando un ramo natural. Las hojas lineales aparecen durante la primavera, antes de que las flores se abran en verano. Plántela en un lugar bien iluminado, con un suelo preferiblemente alcalino y bien drenado, ya que la anegación de invierno podría matarla.

Iris «Jane Phillips» 🏆

Lirio; C: lliri; E: melira; G: lirio

☼ ◐ ❄❄❄ ○ **A/E** 90 cm

Popular y muy asequible, este maravilloso y alto *Iris* presenta flores azules como el cielo. Aspire las flores para captar su dulce aroma, que recuerda a los caramelos baratos o al jabón de viejos tiempos. Sus hojas estructurales con forma de espada aportan bellas formas a los arriates informales. Cuando las matas se entretejan, desenraícelas, corte los tallos más sanos de los extremos, acorte las hojas y replántelos en un suelo bien drenado tras la floración o a principios del otoño.

Lychnis coronaria

Coronaria

☼ ◐ ❄❄❄ ● **A** 60–80 cm **E** 45 cm

Lychnis puede soportar la sequía y una mala nutrición, pero no aguanta el exceso de humedad en el aire o en las raíces. Con las condiciones adecuadas, formará colonias de hojas basales de tonalidad argéntea y cubiertas de una fina vellosidad y tallos de llamativas flores rosas en verano. Las flores blancas con centro rosado de *L. c.* grupo Alba 🏆 resultan más refinadas. Ambas se reproducen por semillas cuando se las deja, y también pueden dividirse y replantarse en primavera.

Nepeta «Six Hills Giant»

Nébeda

☼ ❄❄❄ ○ **A/E** 90 cm

Los aromáticos e inflados macizos de la nébeda son un elemento que recuerda a los jardines de casa de campo. Sus pequeñas flores azules, muy similares a las de la lavanda, se abren contra un fondo de estrechas hojas de borde dentado de color verde grisáceo, y atraen tanto a las abejas como a los gatos. Si la poda tras la primera coloración exuberante de las hojas, conseguirá un buen crecimiento. Plántela en un suelo bien drenado, realice recortes en verano y busque una forma natural.

Papaver rhoeas serie Shirley

Amapola; C: rosella; E: lobedarr; G: papoula

☼ ❄❄❄ ○ **A** 60–90 cm **E** 45 cm

Preciosa variedad obtenida a partir de la amapola común silvestre en un proceso de selección llevado a cabo por el reverendo W. Wilks en Shirley, Croydon, en 1880. Sus sedosas flores son simples, con una base blanca, estambres amarillos o blancos y sin marcas negras. Una vez sembrada, la variedad puede mantenerse permitiendo que sólo las mejores produzcan semillas.

Son ideales en un jardín informal de estilo campestre.

Rosa «Cornelia» 🏆

☼ ◐ ❄❄❄ ◐ **A/E** 1,5 m

A pesar de que es un rosal arbustivo moderno, esta variedad se encuentra dentro de la filosofía de un jardín de casa de campo. Florece sin problemas durante un largo período, y lleva ramilletes de flores muy fragantes y de un suave color rosado, bañadas de una cálida tonalidad naranja pastel. Los capullos tienen una intensidad de color muy superior a la de las flores abiertas, y proporciona un amplio abanico de tonalidades. Pódelo ligeramente a principios de la primavera.

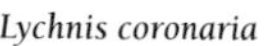

Lychnis coronaria

Nepeta «Six Hills Giant»

Salvia x *sylvestris* «Mainacht» 🏆

☼ ❄❄❄ ○ **A** 70 cm **E** 45 cm

Las espigas erectas de flores de color azul añil se elevan en esta mata vivaz formadora de macizos durante principios y mediados del verano, y contrastan perfectamente con los colores plateados, rosados y amarillos del arriate. Las hojas verdosas se encuentran festoneadas de una forma muy atractiva y recubiertas de suave vello. Plántela en suelos húmedos pero bien drenados. Arranque, divida y replante las matas más viejas en otoño o primavera.

CLAVE: 🏆 *galardonadas* ☼ *sol* ◐ *semisombra* ● *sombra* ❄ *semirresistentes* ❄❄ *resistentes a heladas* ❄❄❄ *totalmente resistentes* ○ *caduca* ● *perenne* ◐ *semiperenne* **A** *altura* **E** *envergadura*

Plantas arquitectónicas

El empleo de plantas para obtener con su follaje un efecto arquitectónico equivale a la adquisición de piezas escultóricas vivientes para que actúen como puntos focales en el jardín. En ocasiones, una forma atrevida hará que alguna especie determinada se distinga de la extensa masa de pequeñas hojas y flores, y llenar un hueco del jardín con plantas esculturales le permitirá crear un ambiente tropical o mediterráneo. Incluya eucaliptos de largas hojas y elementos suavizadores como cañas, bananeras y ricinos.

Arundo donax
Caña común
☼ ❄❄ **A** 5 m **E** 1,5 m
Utilice esta planta monocotiledónea para crear un efecto de jungla exuberante, ya que sus altos tallos en forma de junco tapizados con largas hojas aplanadas se elevarán por encima de otras plantas más ordinarias. Corte los tallos viejos en primavera para eliminar los daños causados por las heladas y promover el crecimiento de otros nuevos. Sin embargo, para incentivar la aparición de inflorescencias plumosas en otoño deje los tallos durante dos años antes de cortarlos. Plántela en un suelo húmedo. Esta vivaz rizomatosa puede propagarse por división.

Astelia chathamica
☼ ☼ ❄❄ **A** 1,5 m **E** 90 cm
Estas plantas, de largas y fantasmales hojas con forma de espada, crean un gran impacto en un jardín resguardado. Pueden cultivarse en macetas para poder introducirlas en el invernadero durante el invierno. El haz de las hojas es de un color verde plateado y el envés argénteo. Las plantas maduras producen ramilletes de flores marronosas, algunas de las cuales florecen a pleno sol y en suelos pobres, neutros y arenosos, aunque se dice que prefieren la humedad y los suelos ácidos y ricos en humus. Elimine las hojas muertas dos veces al año. Divídala en primavera.

Dicksonia antarctica 🏆
☼ ☼ ❄❄ **A** 1,2–6 m **E** 1,2–3,7 m
Estas plantas aportan al jardín un ambiente tropical, casi prehistórico. En zonas favorecidas, vale la pena plantarlas en lugares resguardados. Las frondas normalmente mueren en invierno y las copas pueden protegerse con las frondas viejas y con los helechos secos, cubiertos con arpillera. Plántela en suelos húmedos y ácidos, enriquecidos con la adición de materia orgánica, y mantenga el tronco húmedo. Propáguela sembrando las esporas frescas.

PLANTAS ARQUITECTÓNICAS PARA MACETAS

Aeonium arboreum «Atropurpureum» 🏆
(no resiste heladas de invierno)
Agave americana «Mediopicta»
(no resiste heladas de invierno)
Cordyline australis «Torbay Dazzler»
(no la exponga a vientos fríos)
Melianthus major 🏆
Phormium «Bronze Baby»
Sciadopitys verticillata 🏆

Fatsia japonica 🏆
Aralia, fatsia; C: aràlia del Japó
☼ ☼ ❄❄ **A/E** 1,5–3,7 m
Las imponentes hojas brillantes en forma de palma de la aralia se reconocen inmediatamente. Los ejemplares modestos pueden florecer en parcelas resguardadas, pero crecerán mucho y de forma exuberante en jardines de clima templado donde puedan resguardarse de los vientos fríos. Las plantas maduras producen en otoño pequeñas flores blancas dispuestas en grandes umbelas, que forman inflorescencias esféricas. Propáguela mediante esquejes en verano.

Musa basjoo
Bananera japonesa
☼ ❄❄ **A** 2,2–4,5 m **E** 1,8–3,7 m
Escoja un lugar protegido para esta bananera y sobrevivirá a temperaturas sorprendentemente bajas en el exterior. En inviernos de heladas normales, la mayor parte de lo verde muere, pero no debe retirarse de la planta, ya que las hojas

Astelia chathamica

Fatsia japonica

Phormium «Sundowner»

◁ LA ESTRIADA *y coloreada* Yucca flaccida *«Golden Sword» es una planta de jardín que merece la pena tener. Sus hojas forman una llamativa roseta, acompañada de una espiga floral de interesante silueta.*

muertas protegen la corona. Puede retirar los restos secos en primavera, cuando asomen nuevos brotes. Estas plantas pueden florecer y fructificar, pero sus pequeñas bananas son bastante insulsas. Plántela en suelos ricos y propáguela mediante semillas o retoños con raíz.

Phormium «Sundowner» 🏆
Formio, lino de Nueva Zelanda; C: formi

☼ ❄❄❄ ● **A/E** 1,5–1,8 m

Hay múltiples razones para recomendar este compacto y coloreado lino de Nueva Zelanda. Sus hojas en forma de espada poseen una tonalidad bronce sobre un fondo pálido y están decoradas con estrías rosadas irregulares que recorren toda su longitud por el centro y en los márgenes. Plántelo sobre suelo bien drenado y seco. Sobrevive sorprendentemente bien a las bajas temperaturas en invierno. Arránquelo, divídalo y replántelo en primavera.

Trachycarpus fortunei 🏆
Palma de jardín; C: palmera excelsa

A 6–20 m **E** 2,5 m

Los más impacientes deberán comprar un ejemplar maduro de esta palmera de aspecto exótico pero resistente. La mía, plantada recién nacida hace unos nueve años, sólo tiene una altura de 1,5 m y no hay signo alguno de tronco. Sus folíolos plegados se disponen en forma de abanico. Plántela en un suelo fértil, bien drenado, en un lugar protegido del viento.

Viburnum cinnamomifolium 🏆

☼ ☀ ❄❄ ● **A/E** 4,5 m

Las hojas ovales, coriáceas y de un tono verde oscuro de este impresionante arbusto están marcadas con tres venas que recorren su longitud. De aproximadamente 15 cm de longitud, se encuentran unidas a sus tallos mediante pecíolos teñidos de rosa. Las pequeñas flores, que aparecen a principios del verano, se encuentran agrupadas en cabezuelas aplanadas y se transforman en pequeños frutos de un color negro azulado. Propáguela en verano mediante esquejes.

Trachycarpus fortunei

Yucca gloriosa 🏆
Yuca

☼ ❄❄❄ ● **A/E** 1,5 m

Esta resistente yuca parece capaz de tolerar la sequía y las alteraciones sin sufrir demasiado. Mi planta madura tiene un tronco ramoso que muestra dos copetes de hojas en forma de lanza peligrosamente puntiagudas. Unas espigas de flores dulcemente olorosas de color marfil y forma acampanada aparecen la mayoría de los años a finales del verano, lo que añade 1,5 m a su altura habitual. Elimine los retoños con raíces en primavera.

Yucca flaccida «Golden Sword» 🏆
Yuca; C: iuca; E: juka

☼ ❄❄❄ ● **A** 60 cm **E** 1,5 m

Esta planta no podría ser más diferente de *Yucca gloriosa*. La roseta de hojas de un verde brillante con anchas franjas amarillo crema que recorren su superficie longitudinalmente no se ramifica y tiene un aspecto soberbio en un rincón seco del jardín. Los extremos de las hojas son menos puntiagudos y duros y los bordes presentan filamentos rizados. Las flores de color blanco crema se agrupan en panículas de 1,5 m de altura y aparecen a finales del verano. Propague los retoños en primavera.

ACICALAR LAS PLANTAS

Las plantas arquitectónicas son más bonitas cuando reciben atenciones regulares para mejorar su aspecto. Corte las hojas muertas de *Phormium* dos veces al año.

Plantas aromáticas

El aroma crea una adicción muy potente, por lo que, una vez experimentado, deseará encontrar deliciosas fragancias en cada rincón del jardín. Me llevó años darme cuenta de que la mayoría de Iris *son aromáticos y que* Magnolia soulangiana *es una planta de maravilloso olor. Muchas veces las hojas son aromáticas, aunque en ocasiones es necesario agitarlas o frotarlas para apreciar su fragancia. Las hojas o pétalos secos pueden usarse para hacer popurrí.*

Mentha × piperita f. *citrata*

Cercidiphyllum japonicum 🏆

☼ ◑ ❄❄❄ ◌ **A** 15 m **E** 10 m

Las hojas marchitas de color amarillo, naranja y rojo de este refinado árbol forestal producen un aroma de caramelo mientras caen en otoño. Al rozarlas se libera un inesperado olor a caramelo quemado. Plántelo en un suelo enriquecido con materia orgánica en un lugar resguardado, ya que las jóvenes hojas cobrizas tienden a estropearse con las heladas primaverales. Normalmente crece con varios troncos, si no es que se poda para que sólo se desarrolle uno de ellos.

Convallaria majalis 🏆

Lirio de los valles, muguete; C: lliri de maig, muguet; G: lirio-dos-vales

◑ ● ❄❄❄ ◌ **A** 23 cm **E** 17 cm

Es una planta de floración fugaz. Presenta tallos colgantes de aromáticas flores blancas acampanadas, que se disponen contra las hojas dobles. La mayoría de los jardines cuentan con un rincón húmedo y umbrío que pueden colonizar estas vivaces. En unos pocos años, una o dos pequeñas plantas habrán formado una masa de extensión considerable. Corte y replante los rizomas en otoño.

Dianthus «Doris» 🏆

Clavel; C: clavell; E: krabelina; G: caravel

☼ ❄❄❄ ● **A** 25–45 cm **E** 40 cm

Los claveles de esta variedad son excelentes para vestir los márgenes de los caminos, y les gustan los suelos ricos, bien drenados, neutros o alcalinos. La variedad «Doris» es muy bonita, y posee aromáticas flores dobles de color rosa con el centro de una tonalidad más oscura. Normalmente la floración se produce a principios del verano, pero si se retiran las flores secas y se nutre el suelo a mediados de la estación se puede inducir una nueva floración. Propáguela mediante esquejes en verano.

Lathyrus odoratus 🏆

Guisante de olor, guisante dulce

☼ ❄❄❄ **A** 1,8 m **E** 90 cm

Entre las variedades modernas de guisantes dulces y sus híbridos hay muchos que se venden por su aroma. Sin embargo, si desea algo más original, también con perfume garantizado, elija su antecesor, sobre todo por la especial belleza de sus aromatizadas flores de color magenta purpúreo. Su atractivo se debe en parte a la falta de largos tallos y de pétalos con volantes. Siembre las semillas de esta anual en tiestos en otoño o primavera y plántela posteriormente en el exterior sobre un suelo bien nutrido cerca de algún soporte por el que puedan trepar los tallos. Elimine rigurosamente las flores secas para prolongar la floración.

Lilium regale 🏆

Azucena; C: lliri; E: azuzena; G: azucena

☼ ◑ ❄❄❄ ◌ **A** 60–180 cm **E** 30 cm

Es una de las azucenas más fáciles de cultivar y menos exigentes. En la mayoría de los suelos, de un solo bulbo se desarrolla una mata con gran rapidez. Unas treinta flores blancas con forma de trompeta, gargantas amarillas y bordes externos púrpuras se abren en verano. Su fuerte perfume se suspende en el aire, en especial

Convallaria majalis

Lathyrus odoratus cv

Magnolia grandiflora «Exmouth»

◁ **ENTRE LAS AZUCENAS** *de jardín con mayor éxito,* Lilium regale *aporta una fragancia al aire que se difunde a una buena distancia. Los bulbos se desarrollan rápidamente y se propagan hasta formar una colonia.*

Myrtus communis

LAS MEJORES AROMÁTICAS

Akebia quinata ◐
Aquilegia fragrans ○
Chimonanthus praecox ○
Choisya ternata 🏆 ●
Clematis heracleifolia var. *davidiana* «Wyevale» 🏆 ○
Cytisus battandieri 🏆 ●
Daphne bholua «Jacqueline Postill» 🏆 ●
Elaeagnus x *ebbingei* ●
Erysimum cheiri cvs ●
Gladiolus callianthus 🏆 ○
Hamamelis x *intermedia* «Pallida» 🏆 ○
Heliotropium arborescens ●
Hosta plantaginea ○
Lavandula angustifolia «Twickel Purple» 🏆 ●
Lonicera japonica «Halliana» 🏆 ◐
L. periclymenum «Serotina» 🏆 ○
L. x *purpusii* ○
Mentha x *piperita* f. *citrata* ○
Philadelphus «Sybille» 🏆 ○
Rosmarinus officinalis ●
Viburnum x *burkwoodii* «Anne Russell» 🏆 ●

durante el anochecer. Plántela a una profundidad de unos 15 cm en primavera o, preferiblemente, en otoño.

Magnolia grandiflora

Magnolia; C: magnòlia

☼ ❄❄ ● **A** 6–18 m **E** 4,5–15 m

Este árbol perennifolio, que normalmente se planta contra un muro cálido y soleado, vale la pena cultivarlo sólo por sus brillantes hojas de 20 cm de longitud. Sus grandes flores de color blanco crema de unos 25 cm de diámetro tienen un perfume exótico, parecido al de los cítricos, y son aún más deseables si se tiene en cuenta que salen durante todo el verano y el otoño. Escoja *M. g.* «Exmouth» 🏆 por su resistencia o *M. g.*«Goliath» 🏆 por sus amplias hojas y por su floración exuberante. Tolera los suelos alcalinos.

Myrtus communis 🏆

Mirto común; C: murta; E: mitre; G: mirteira

☼ ❄❄ ● **A/E** 2–3 m

A finales del verano e inicio del otoño, los rosados capullos con forma de puño se abren dejando paso a las pequeñas flores blanco crema con prominentes estambres. Éstas tienen una dulce y condimentada fragancia que combina muy bien con el aroma de las hojas de un verde brillante.

Al mirto, que es un arbusto mediterráneo, le gustan los suelos bien drenados y florecerá si está situado al resguardo de un muro soleado. Corte ramas semimaduras en verano.

Nicotiana alata

Planta del tabaco; C: tabac; E: tabako; G: tabaqueira

☼ ☀ ❄ ○ **A** 90–120 cm **E** 60 cm

Sus flores de un amarillo verdoso permanecen cerradas durante el día y se abren al anochecer, revelando sus blancas bocas y llenando el aire con un poderoso y dulce perfume. Trátela como una anual semirresistente y siémbrela bajo el césped en primavera para que florezca durante el verano. Si las deja, las plantas pueden revelar su naturaleza vivaz reapareciendo de nuevo en la primavera siguiente.

Pelargonium crispum «Variegatum» 🏆

Geranio de olor

☼ ❄ ● **A** 45 cm **E** 30 cm

Entre los numerosos geranios de hojas aromáticas, para mí éste es el que tiene el mejor aroma a limón. Frote suavemente una de las límpidas hojas de márgenes color crema y se liberará una suave fragancia que hace la boca agua. Durante el verano aparecen las flores, de un color malva pálido. Esta planta erecta y tierna requiere protección contra las heladas en invierno. Propáguelo a partir de esquejes en verano.

Rosa «Alec's Red»

☼ ❄❄❄ ◐ **A** 90–120 cm **E** 90 cm

Introducir la nariz entre los suaves pétalos de cálido color rojizo de esta rosa en un día caluroso de verano es una experiencia inolvidable. Al ser un híbrido moderno de gran fiabilidad, produce una sucesión de grandes flores de un voluptuoso color rojo. Su rica fragancia es poderosa y complaciente. Plántelo en un suelo bien nutrido. Pódelo, luego abónelo y airee las raíces cada año a principios de la primavera.

Cabezuelas decorativas

Crecer, desarrollarse, florecer, marchitarse y producir semillas son los fascinantes estadios del ciclo de vida de las plantas. Escoger especies de bella decadencia, que al marchitar producen cabezuelas duraderas, añadirá una nueva dimensión al jardín. A la vez que estimula la aparición de grupos de vainas y de cabezuelas para decorar el jardín en otoño, intente cortar algunas de ellas antes de que maduren las semillas para crear ramos de flores secas.

Physalis alkekengi

Acanthus spinosus ♕
Acanto; C: **acant, carnera;** E: **malorri;** G: **herba cepeira**
☼ ☀ ❄❄❄ ● **A** 1,2 m **E** 60–90 cm
Altas espigas de blancas flores tubulares, que asoman por debajo de brácteas de un reluciente color púrpura, se elevan a partir de las masas de grandes hojas, profundamente recortadas, de esta vivaz a finales de la primavera y mediados del verano. Éstas se secan formando cápsulas de consistencia de papel que llevan dentro grandes semillas. Déjelas en la planta, ya que son preciosas cuando se cubren de escarcha. Cultívela a partir de las semillas o de trozos de la planta dividida en primavera; también se propaga mediante esquejes obtenidos de la raíz en invierno.

Allium cristophii ♕
Cebolla ornamental
☼ ❄❄❄ ◯ **A** 30–60 cm **E** 20 cm
Su tendencia a crecer en extensión significa que los bulbos pueden situarse al lado y entre otras plantas del jardín. Plántelos en otoño, situándolos a una profundidad de unos 15-20 cm. A principios del verano se forman sobre los altos tallos unas cabezuelas globosas de flores púrpura, de unos 20 cm de diámetro. Las flores maduran formando cabezuelas portadoras de semillas de un color inicialmente verde, que se torna de un colorido moteado, y que persisten durante todo el invierno y se secan correctamente.

Astilboides tabularis
(sin. Rodgersia tabularis)
☀ ❄❄❄ ◯ **A/E** 90–120 cm
Cuando se planta en un suelo rico y húmedo, las hojas redondeadas, lobadas y ligeramente vellosas de esta vivaz crecen altas y lustrosas, acompañadas por panículas de pequeñas flores de color blanco crema que aparecen a principios y mediados del verano. Plántela en un lugar donde le lleguen los oblicuos rayos del sol de finales del invierno, que al tocar las cabezuelas redondeadas les dará vida. Esta especie resulta útil como cultivo de los márgenes de los estanques o de suelos anegados. Arránquela, divídala y replántela en primavera.

Eryngium giganteum ♕
Cardo; C: **card;** E: **gardutxa;** G: **cardo rolador**
☼ ❄❄❄ ◯ **A** 90–120 cm **E** 30–60 cm
Las brácteas argénteas y de margen dentado forman un elaborado collar alrededor de cada umbela de diminutas flores azules. Los tallos pueden cortarse y dejarse secar justo después de que salgan las flores en verano. Aunque se trata de una vivaz de vida corta, esta espinosa planta se trata normalmente como una bienal. Cuando se abandona, se autosiembra mediante semillas. Plántela en un suelo bien drenado.

Lagurus ovatus
☼ ❄❄❄ **A** 50 cm **E** 30 cm
Para proporcionar un aspecto suave y natural al jardín, plante en verano algunas semillas de esta hierba mediterránea anual directamente en el suelo. Durante el verano, al amplio follaje cespitoso se le añade la presencia de suaves espigas ovales. Su color es verde al principio, se torna púrpura cuando madura y finalmente se blanquea quedándose de color crema a medida que envejece. Para secarla, cójala justo antes de madurar.

Nigella damascena
Arañuela; C: **flor d'aranya;** E: **abetxe**
☼ ❄❄❄ **A** 60–75 cm **E** 45 cm
Algunas anuales resistentes pueden utilizarse para unificar los parterres y arriates del jardín. Siembre las semillas de la arañuela en el suelo, aclare las plantas y espere a que aparezcan las flores azules de diferentes

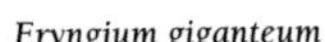

Eryngium giganteum

Lagurus ovatus

Papaver somniferum

△ LAS FLORES ESTRELLADAS *de* Allium cristophii *se abren en verano y forman magníficas cabezuelas globosas.* Nigella damascena, *cultivada a partir de siembras en primavera, presenta unas vainas muy decorativas.*

RECOLECTAR LAS SEMILLAS

Guardar las semillas es un método excelente y económico de disponer de un gran número de especies para crear macizos. Las semillas de variedades muy modificadas no se desarrollarán como verdaderas y solamente deben considerarse como experimentales. Cuando recolecte las semillas de anuales y bienales variables, como algunos tipos de amapolas, esté preparado para retirar las plantas no deseadas antes de que polinicen el resto. Recolecte vainas y cápsulas e introdúzcalas en bolsas de papel etiquetadas con el nombre de la planta y la fecha. Manténgalas secas hasta que sea el momento de extraer las semillas de sus cáscaras y vainas y guárdelas en sobres de papel en un lugar seco y fresco hasta que sea el momento de sembrarlas.

intensidades, cada una situada sobre un collar de hojas finamente divididas. Éstas se marchitan dejando en su lugar cápsulas infladas con estilos prominentes. Escoja *N. d.* «Miss Jekyll» para obtener flores de color azul cielo en plantas de unos 45 cm de altura.

Papaver orientale
Amapola; C: rosella; E: lobedarr; G: papoula
☼ ❄❄❄ ♢ **A** 60–120 cm **E** 30 cm

Los sedosos pétalos de esta atractiva amapola caen de las efímeras flores para dejar ver una bellísima cápsula de semillas. La parte superior se encuentra cubierta por una tapadera compuesta de estrías radiales de color marrón y tacto aterciopelado, que se dispone sobre una vaina suave y de color verde pálido que guarda en su interior las semillas. Plántela en un suelo fértil y bien drenado. Arránquela y divídala en primavera o tome esquejes radicales en cualquier época.

Physalis alkekengi 🏆
Alquequenje, capulí; C: alicacabi, buféta de gòs
☼ ☀ ❄❄❄ ♢ **A** 60 cm **E** 60–90 cm

En verano, a partir de las blancas flores se desarrollan unos cálices de vistoso color naranja y forma de farolillo. De textura del papel, pueden secarse para uso decorativo o bien dejarse en la planta para que en invierno revelen la presencia de bayas anaranjadas o rojizas en su interior. Es una rizomatosa vivaz que se extenderá rellenando los espacios vacíos de los arriates, pero que raramente se desarrollará como una plaga. Divídala a principios de la primavera.

CABEZUELAS SEDOSAS Y VAINAS DESPAMPANANTES

Clematis tangutica ♢
Papaver somniferum (anual)
Omphalodes linifolia 🏆 ♢
Pulsatilla vulgaris 🏆 ♢
Staphylea pinnata ♢

Ricinus communis «Carmencita» 🏆
Ricino
☼ ❄ ● **A** 1,2–1,5 m **E** 90–150 cm

Aunque arbustivo en regiones cálidas, el verdadero ricino se cultiva como planta anual en zonas de clima frío. Aparece a partir de la siembra de semillas en primavera y se planta en el exterior a principios del verano para disfrutar de sus exóticas hojas de color bronce y borde lobado. A continuación aparecen grupos de unas insignificantes flores que se desarrollan en espinosas cápsulas portadoras de semillas de color rojo. Todas sus partes son venenosas.

Scabiosa stellata «Paper Moon»
Escabiosa
☼ ❄❄❄ **A** 45 cm **E** 23 cm

Esta resistente anual presenta exquisitas cabezuelas, muy bellas una vez secas. Las inflorescencias son de forma globosa, de color rosa malva, y presentan cabezuelas exteriores que se desarrollan en una bola de pálidas celdas tiesas de consistencia de papel. Siémbrela en semillero o directamente en el suelo en primavera.

Jardín de flores primaveral

Todo el mundo espera con impaciencia la aparición de las primeras flores primaverales, muchas de las cuales florecen de manera natural bajo las sombras del bosque. Para obtener preciosidades como Erythronium *o* Trillium, *vale la pena crear parterres especiales enriquecidos con materia orgánica. Otras especies pueden disponerse al azar en los macizos y los arriates. Disfrute de su distinguido aspecto antes de que aparezcan las llamativas flores estivales.*

***Helleborus orientalis* «Sirius»**

Aquilegia vulgaris
Aguileña; C: **aguilera, corniol;**
E: **kukuprraka;** G: **herba de pitos, bonetes**
☼ ◐ ❄❄❄ ◌ **A** 75 cm **E** 45 cm
Esta herbácea vivaz se desarrolla fácilmente a partir de una siembra de primavera y empezará a florecer durante su segundo año, a finales de la primavera. Sus flores, normalmente de tonalidades rosas y púrpuras, presentan espolones y su aspecto general recuerda al de un gorro pasado de moda. Consulte los catálogos de semillas para las formas dobles y las de follaje amarillo resplandeciente. Una vez establecidas, producirán semillas que caerán a su alrededor. En general, toleran suelos pobres y secos.

Dicentra «Stuart Boothman» 🏆
Lágrimas de Job, corazoncillo;
C: **cor de Maria**
◐ ❄❄❄ ◌ **A/E** 30 cm
A principios de la primavera aparece el delicado follaje con forma de helecho y de coloración azul grisácea que se desarrolla a partir de los rizomas perennes. Estas hojas sirven para enmascarar el follaje marchito de las campanillas de invierno. Entre mediados de la primavera y el verano hay una explosión de flores de dos tonalidades de rosa. Esta planta puede dividirse fácilmente a principios de la primavera para formar una alfombra.

Doronicum «Miss Mason» 🏆
Dorónico
◐ ❄❄❄ ◌ **A/E** 45 cm
Proporcione a esta herbácea perenne un suelo bien drenado, ya que, si no, tiene tendencia a marchitarse en invierno.
Me gusta esta variedad por sus flores amarillas de 8 cm y con forma de margarita que quedan muy bien sobre el follaje y que aparecen desde mediados de la primavera hasta principios del verano. Combina bien con las campanillas y puede utilizarse para llenar los macizos de primavera. Divida las plantas grandes en otoño.

Aquilegia vulgaris* var. *stellata

***Dicentra* «Stuart Boothman»**

PEQUEÑOS BULBOS PRIMAVERALES PARA PLANTAR BAJO ARBUSTOS

Anemone blanda (anémona) 🏆
Leucojum vernum (campanilla)
Chionodoxa forbesii y *C. f.* «Pink Giant» (gloria de las nieves)
Erythronium dens-canis 🏆
Puschkinia scilloides
Scilla mischtschenkoana
Scilla siberica 🏆

Erysimum «Bowles' Mauve» 🏆
Alhelí; C: **erísim;** E: **ahuntz-praka;** G: **alelí**
☼ ❄❄❄ ● **A/E** 75 cm
Esta perenne vivaz para muros se gana su puesto en el jardín produciendo flores purpúreas entre la primavera y el verano. Al igual que el resto de las flores para muros, aprecia los suelos bien drenados y ligeramente alcalinos. Una poda tras la floración retrasará el tiempo de reemplazar a las plantas más viejas. Los sucesores pueden obtenerse mediante esquejes plantados en la primavera anterior.

Fritillaria imperialis
Fritilaria, corona imperial;
C: **fritil·lària, corona imperial**
☼ ❄❄❄ ◌ **A** 90–120 cm **E** 30 cm
Plante los grandes bulbos de olor agrio a una profundidad de unos 20 cm en un suelo bien drenado durante el otoño. A principios de la primavera deberían asomar las tiernas

Lunaria annua variegata

◁ EL ELEVADO FONDO *creado por* Fritillaria imperialis *produce un llamativo contrapunto para una mata de* Leucojum aestivum, *de flores colgantes.*

yemas y a finales de esta estación ya se habrá desarrollado y producido un despliegue de flores acampanadas, amarillas o naranjas, coronadas por brácteas verdes.

Helleborus orientalis
Eléboro; C: **el·lèbor;** E: **otsababa;** G: **héboro**
◐ ❄❄❄ ● **A/E** 45 cm
Esta opción de herbácea vivaz produce flores con forma de platillo desde finales del invierno a mediados de la primavera. Muy promiscua, hibrida fácilmente, hasta el punto de que la mayoría de las plantas que se ven en los jardines son híbridos. Las flores pueden ser blancas, cremas, verdes, rosas y de una tonalidad marrón rojiza, a veces marcadas con manchas más oscuras.

Leucojum aestivum «Gravetye Giant» 🏆
Campanilla; C: **assa**
☼ ◐ ❄❄❄ ○
A 60 cm **E** 23 cm
Para obtener flores en primavera, plante los bulbos en otoño a una profundidad de 10 cm en un suelo húmedo y bien acondicionado. Las flores son blancas, con la punta de los pétalos verdes, y se encuentran al final de delgados tallos que se arquean en el extremo dejándolas colgantes.

Lunaria annua variegata
Lunaria, hierba del nácar; C: **setí**
☼ ◐ ❄❄❄ ● **A** 90 cm **E** 60 cm
Siembre esta planta bienal a principios del verano para que florezca a finales de la primavera siguiente. La roseta de hojas del primer año es de un color verde homogéneo. Cuando la planta empieza a elevarse aparecen las hojas ribeteadas de color crema y produce flores rosas. Las verdes vainas con forma de disco se tornan de un blanco plateado en otoño y persisten en la planta durante todo el invierno.

Narcisos y tulipanes para un cultivo informal

Narcissus «Ice Wings»
Narcissus «Jack Snipe»
Narcissus poeticus
Tulipa greigii
T. praestans «Van Tubergen's Variety»
Tulipa «Spring Green» 🏆
Tulipa tarda 🏆

Omphalodes linifolia 🏆
Alfeñique
☼ ❄❄❄ ● **A/E** 30 cm
Siembre esta bonita bienal en un suelo bien drenado en verano para que produzca pequeñas flores blancas la primavera siguiente. Posteriormente, cada otoño aparecerá una erupción de frutos de un color verde azulado. Puede ahuecarse y transplantarse donde se necesite.

Pulmonaria saccharata
Pulmonaria
☼ ◐ ❄❄❄ ◐ **A** 30 cm **E** 45 cm
Con respecto al grupo de herbáceas vivaces, esta especie es una de mis preferidas. La roseta de hojas moteadas de plata persiste durante el invierno, con tallos de capullos afelpados que se elevan para abrirse dando lugar a flores rosas desde principios hasta finales de la primavera. Elimine las hojas viejas tras la floración.

Pulmonaria saccharata

Jardín de flores estival

Existen tantas vivaces, anuales y bulbos que florecen en verano que resulta sencillo crear arriates despampanantes durante esta época del año. En cualquier caso, la planificación no deja de ser necesaria para asegurar que la floración dure desde principios hasta finales de la estación, ya que en esta época puede darse un paréntesis en el jardín si no se toman medidas. Reserve algunos tiestos de anuales como Rubdeckia *«Marmalade» para rellenar los huecos que se produzcan a partir de mediados del verano.*

Anthemis tinctoria «E. C. Buxton»
☼ ❄❄❄ A 60–90 cm **E** 75 cm
Una vez establecida, *Anthemis* demuestra que es una de las plantas de arriate más resistentes a la sequía ya que da lugar a una larga exposición de luminosas flores compuestas. Las inflorescencias de esta forma cultivada son de un color amarillo limón pálido con centros de color amarillo más fuerte. A medida que corte las flores marchitas, aparecerán otras nuevas y el follaje afiligranado persistirá en invierno. Puede requerir apoyo. Divídala durante el otoño y plántela en un suelo arenoso, aunque en primavera es mejor hacerlo en un suelo arcilloso.

PLANTAR ANUALES SEMIRRESISTENTES

Rellene los huecos de un arriate con coloridas plantas para macizos como los geranios y *Gypsophila muralis*. Plantadas a principios del verano, florecerán hasta el otoño, y sobrevivirán a las margaritas vivaces.

Campanula lactiflora «Prichard's Variety» 🏆
Campanilla; C: campaneta blava; E: ezkila-lore
☼ ☀ ❄❄❄ **A** 1,2–1,5 m **E** 60 cm
Proporcione un soporte para esta alta campánula con unos palos dispuestos a finales de la primavera o plantándola al lado de los tallos del cornejo. Las panículas de flores azul violeta oscuro nacen en verano y a principios del otoño. Plántela en un suelo fértil, neutro o alcalino, mantenga la humedad y pódela cuando las flores se marchiten para obtener una segunda floración. Divídala en primavera o en otoño.

Cleome hassleriana «Colour Fountain»
☼ ❄❄ **A** 90–150 cm **E** 60 cm
Las anuales altas como *Cleome* y *Tithonia* nunca han dejado de impresionarme. El que puedan llegar a ser tan altas y a producir tal cantidad de flores a partir de semillas en una sola estación es verdaderamente una maravilla. Deje espacio en el arriate para el crecimiento de los tallos vellosos portadores de hojas palmadas, acabados en elegantes y aromáticos racimos de flores púrpuras con largos estambres. Siémbrela en el invernadero en primavera para plantarla en el exterior cuando el peligro de heladas haya pasado. Plántela en un suelo fértil y mantenga la humedad.

▷ LA CREACIÓN DE ARRIATES *profundos para acomodar a una mezcla de vivaces proporcionará colorido durante todo el verano. Rellene los huecos con plantas como* Nicotiana sylvestris *(superior izquierda) y los coloreados albarraces, ambas cultivadas anualmente a partir de semillas.*

Coreopsis verticillata «Zagreb»
Coreopsis
☼ ❄❄❄ **A** 60–75 cm **E** 30–45 cm
Su habilidad para tolerar suelos secos, pobres y arenosos hacen muy recomendable esta especie vivaz. Se trata de otra margarita norteamericana que se desarrolla bien plantada en suelo arcilloso. Las masas de magníficas y brillantes hojas verdes parecidas a las de los helechos se encuentran acompañadas por una profusión de exquisitas cabezuelas de un amarillo dorado desde principios a mediados del verano. Los pétalos puntiagudos tienen una belleza sencilla. Arránquela, divídala y replántela en primavera.

Echinacea purpurea «Magnus»
☼ ❄❄❄ **A** 60–120 cm **E** 50 cm
El principal sello de esta vivaz norteamericana son sus flores, grandes, rosadas, con forma de margarita y soberbios centros anaranjados, que se abren desde finales del verano hasta el otoño sobre robustos tallos. Tolera los suelos pobres y secos, aunque en estas condiciones las plantas crecerán menos. Para establecer económicamente varios grupos, cultive plantas a partir de la siembra en primavera.

Inula hookeri

VIVACES IDEALES PARA EL VERANO

Anaphalis margaritacea ⌀
Aster x *frikartii* «Mönch» 🏆 ⌀
Campanula persicifolia ⌀
Campanula «Elizabeth» ⌀
Delphinium «Sandpiper» 🏆 ⌀
Dianthus «Mrs. Sinkins» ●
Dictamnus albus var. *purpureus* 🏆 ⌀
Helenium «Moorheim Beauty» ⌀
Hemerocallis lilioasphodelus 🏆 ◐
Penstemon schoenholzeri (sin. «Ruby») 🏆 ◐
Phlox paniculata «Eva Cullum» ⌀
Sidalcea «William Smith» 🏆 ⌀

Arránquelas, divídalas y replántelas en primavera u otoño.

Eremurus robustus

Azucena de rabo de zorro; C: eremur

☼ ❄❄❄ ⌀ **A** 1,8–2,5 m **E** 90 cm

Compre esta especie como raíz suculenta para plantarla en otoño en un suelo rico y bien drenado y plántela con las coronas justo bajo la superficie. A finales de la primavera aparecerá una roseta basal de hojas, seguida por una espiga de flores que puede verse afectada por las heladas tardías. Ésta crece a una gran altura y está formada por un conjunto de capullos puntiagudos, soportados por delgados rabillos, que al abrirse dejan ver flores de color rosa claro con polen amarillo. Las hojas se marchitan al mismo tiempo que las flores.

Inula hookeri

☼ ☀ ❄❄❄ ⌀ **A** 60–75 cm **E** 60 cm

Los suaves capullos vellosos se abren para revelar unas flores compuestas amarillas con los botones centrales ligeramente más oscuros y pétalos anchos y delicados. Tanto las hojas como los tallos de esta vivaz presentan un vello afieltrado. Estas alegres plantas forman con rapidez grandes masas que parecen crecer mejor en lugares ligeramente umbríos y se benefician de algún tipo de soporte. Plántela en un suelo húmedo pero bien drenado. Divídala en primavera u otoño.

Knautia macedonica

☼ ❄❄❄ ● **A** 60–75 cm **E** 60 cm

Durante todo el verano aparecen las flores de color vino, que recuerdan a las escabiosas, y de un diámetro de 2,5 cm, sostenidas por tallos ramificados vellosos, bastante por encima del follaje basal. Las plantas son fáciles de cultivar a partir de semillas plantadas en primavera, cosa que permite hacer crecer varias matas. También puede utilizar esquejes basales de primavera. Plántela en un suelo bien drenado, alcalino o neutro.

Monarda «Cambridge Scarlet» 🏆

Bergamota

☼ ☀ ❄❄❄ ⌀ **A** 90 cm **E** 60 cm

Me encantaría poder cultivar estas preciosas vivaces, sin embargo, a pesar de ser originarias de zonas de matorral seco y de bosques de Norteamérica, no crecen bien en mi suelo arenoso y pobre. Para lograrlo, requieren un suelo bien drenado y riego regular durante los períodos secos, aunque tampoco toleran el encharcamiento. Durante la época de floración los altos tallos de hojas aromáticas soportan por encima de ellas cabezuelas de pétalos de color escarlata desde mediados del verano a principios del otoño. Desentierre y divida los rizomas más superficiales en primavera.

Paeonia lactiflora «Bowl of Beauty» 🏆

Peonia; C: peònia de flor blanca; E: oinlodia

☼ ☀ ❄❄❄ ⌀ **A/E** 75–90 cm

Las peonías son la principal atracción de los arriates herbáceos tempranos y proporcionan un despliegue de vida breve pero muy voluptuoso. Cuando escoja la especie, tenga presente que las flores pueden ser sencillas, semidobles, dobles o, como ésta, con forma de anémona. Sus pétalos de un rico color rosa rodean y contrastan con una masa central de estambres de tonalidad crema. Plántela en un suelo enriquecido con materia orgánica entre el otoño y la primavera, cuando las condiciones son más adecuadas; plante la corona a poca profundidad, no más de 2,5 cm.

Monarda «Cambridge Scarlet»

Paeonia lactiflora «Bowl of Beauty»

CLAVE: 🏆 *galardonadas* ☼ *sol* ☀ *semisombra* ✹ *sombra* ❄ *semirresistentes* ❄❄ *resistentes a heladas* ❄❄❄ *totalmente resistentes* ⌀ *caduca* ● *perenne* ◐ *semiperenne* **A** *altura* **E** *envergadura*

Jardín de flores otoñal

Con la llegada de las temperaturas frías y de la humedad, el jardín recibe energías renovadas tras el calor y la sequía del verano. Con una planificación cuidadosa, florecerán muchas plantas a finales del verano y esta floración se mantendrá hasta el otoño. Su animada belleza las hace perfectas para acompañar a los frutos, las semillas y las tonalidades otoñales.

Kniphofia rooperi

Anemone x *hybrida*
«Honorine Jobert» 🏆
Anémona; C: anemone; E: anemonea
☼ ◐ ❄❄❄ ♢ **A** 1,2 m **E** 75 cm
Las grandes flores blancas, cada una de ellas con un grupo central de estambres dorados, se abren a partir de capullos globosos desde finales del verano hasta bien entrado el otoño. Están sostenidos sobre tallos ramosos, que crecen en verano, y se elevan por encima de una mata basal de hojas. Plántelas durante el otoño en un suelo húmedo y enriquecido con materia orgánica y permita que las plantas se desarrollen como matas. Sus profundas raíces leñosas no admiten alteraciones.

Aster amellus «King George» 🏆
Áster, septiembre; C: àster
☼ ❄❄❄ ♢ **A** 60 cm **E** 45 cm
Aunque relacionados con los septiembres clásicos, éstos crecen a partir de una base leñosa en lugar de a partir de rizomas. Esto hace que su crecimiento resulte más delicado, pero tienen la ventaja de ser más resistentes al mildiu. La variedad «King George» presenta grandes cabezuelas de color azul violeta con los centros de un contrastado color amarillo. Estas vivaces requieren un suelo bien drenado. Tome esquejes radicales en primavera.

Aster amellus «King George»

Dahlia «Alltami Corsair» 🏆
Dalia; C: dàlia
☼ ❄ ♢ **A** 1,4 m **E** 75 cm
La manera más fácil de asegurar el desarrollo de estas bonitas dalias es comprar tubérculos y plantarlos a una profundidad de 10-15 cm a mediados de la primavera. Confiérales un soporte con cañas o varas, nútralas bien y recorte el ápice del tallo a una altura de 45 cm para incentivar la ramificación. Este tipo presenta una floración de un profundo color carmesí. Nútralas bien y podrán alcanzar un diámetro de 15-20 cm. Espere hasta que las hojas se hayan helado antes de desenterrar y secar los tubérculos, y guárdelos a salvo de las heladas, cubiertos con un sustrato seco. Para obtener esquejes, cultive los tubérculos en invernadero a principios de la primavera y corte los brotes jóvenes.

Gladiolus callianthus 🏆
Gladiolo; C: gladiol; E: gladioloa; G: gladíolo
☼ ❄❄ ♢ **A** 75–100 cm **E** 15 cm
Plante los bulbos en grupos a una profundidad de 10-16 cm, entre las plantas existentes, para obtener bellas flores en otoño. Los largos tallos, que presentan flores de vida corta durante un largo período de tiempo, se elevan por encima de las plantas que los rodean. Las inflorescencias, blancas y aromáticas, poseen una delicada forma con marcas marrones en su interior. En zonas de clima frío, desentierre los bulbos, séquelos y guárdelos durante el invierno en un lugar protegido de las heladas. En suelos arenosos y ligeros suelen sobrevivir a inviernos no demasiado fríos.

Kniphofia rooperi
Trítomo rojo; C: tritoma
☼ ◐ ❄❄❄ ♦ **A** 1,2 m **E** 90 cm
Las flores de un rojo anaranjado se vuelven amarillas al marchitarse, haciendo que las inflorescencias cónicas de esta vivaz procedentes de Sudáfrica adquieran dos tonalidades distintas. Éstas se producen durante todo el otoño en tallos elevados, sobre la masa de hojas verdes y largas, y se ganan su puesto en el jardín. Plántela en un suelo enriquecido con materia orgánica y divida las matas establecidas en primavera.

Nerine bowdenii 🏆
Nerine; C: nerine
☼ ❄❄ ♢ **A** 45 cm **E** 30 cm
Plante los bulbos en un suelo bien drenado durante la primavera con sus cuellos junto a la superficie. En jardines expuestos, sitúelos en la base de un muro soleado para protegerlos. Los tallos se abren paso en el suelo en otoño, y cada uno de ellos presenta una preciosa flor rosa. Estas flores son ideales para hacer ramos decorativos y algunos jardineros las cultivan en el huerto especialmente con este propósito. Las hojas coriáceas aparecen junto con las flores. Divídala tras la floración.

Physostegia virginiana
☼ ◐ ❄❄❄ ♢ **A** 45–60 cm **E** 45 cm
Los tallos florales aparecen a finales del verano y en otoño, y presentan unas flores

△ **CON UNA FLORACIÓN QUE VA** *desde finales de verano hasta otoño,* Anemone x hybrida *es una especie clásica de los arriates tardíos.*

Protagonistas de la escena otoñal

Amaryllis belladonna ◌
Aster cordifolius «Photograph» 🏆 ◌
Cimicifuga simplex «White Pearl» ◌
Clematis heracleifolia «Wyeavale» 🏆 ◌
Chrysanthemum «Mary Stoker» ◌
Chrysanthemum «Nantyderry Sunshine» ◌
Helianthemum helianthoides ◌
Helianthus salicifolius ◌
Schizostylis coccinea «Sunrise» 🏆 ◌

tubulosas de color rosa púrpura situadas en fila, una encima de la otra, por lo general encaradas en dos direcciones. Estas flores mantienen su posición cuando se las coloca de una forma determinada. Le agrada la humedad y la riqueza del suelo, aunque también tolera los más pobres. Siémbrela en otoño o primavera y divídala durante el invierno.

Rudbeckia fulgida var. *sullivantii* «Goldsturm» 🏆

Rudbeckia; C: **rudbèckia**

☼ ☀ ❄❄❄ ◌ **A** 60 cm **E** 45 cm

Los pétalos dorados de forma ligeramente plegada contrastan maravillosamente con el disco central de las inflorescencias, que son de un color marrón chocolate y adquieren una tonalidad púrpura bajo la luz del sol. De origen norteamericano, esta compacta planta vivaz tolera suelos pobres y secos, pero crece mejor en los fértiles. Divida las masas rizomatosas en otoño o primavera.

Sedum spectabile 🏆

☼ ❄❄❄ ◌ **A/E** 45 cm

Las masas de hojas suculentas de color verde grisáceo y las cúpulas aplanadas de flores resultan esculturales. Las flores estrelladas y de color rosa, muy apreciadas por las abejas y las mariposas, se abren en verano y en otoño. Vale la pena dejar las cabezuelas florales viejas hasta mediados del invierno. *Sedum* forma arriates sólidos y crece bien incluso en suelos secos y pobres. Demasiado fertilizante le causará la muerte. Desentiérrelo, divídalo y replántelo en primavera u otoño.

Tricyrtis formosana 🏆

☀ ● ❄❄❄ ◌ **A** 75 cm **E** 45 cm

Esta planta forestal originaria de Taiwan forma buenas masas en zonas de sombra creadas por las copas de los árboles, y posee exóticas flores estrelladas, de color blanco o rosa pálido, manchado de púrpura. Plántela en un suelo fértil y acondicionado con una capa de hojas secas. Divídala y replante los rizomas a principios de la primavera.

***Physostegia virginiana* «Vivid»**

Sedum spectabile

Jardín de flores invernal

Muchas de las especies que aparecen aquí son bulbos que se desarrollan en pleno invierno, las cuales, empleadas junto con arbustos florecientes, pueden proporcionar alegría aun antes de la llegada de la primavera. Especialmente apreciadas son las especies como el eléboro negro, el lirio y las violetas, capaces de florecer en pleno apogeo del invierno. Todas ellas proporcionan además bellos elementos a los ramilletes para decorar el interior del hogar.

Helleborus argutifolius

Crocus tommasinianus 🏆

Azafrán; C: safrà; E: azafran; G: azafrán

☼ ❄❄❄ Ꞷ **A** 8–10 cm **E** 8 cm

En los últimos días de invierno, un arriate puede transformarse en una rica alfombra de color lila o púrpura, dependiendo de la variedad de azafrán que se haya plantado. Fáciles de naturalizar, se propagan por semillas y por vástagos, y se extienden libremente por los arriates y el terreno, pero cualquier indicio de las plantas habrá desaparecido en el momento en que las flores de primavera y verano comiencen a salir. Plante los bulbos en otoño a una profundidad de 8-10 cm y en un suelo bien drenado.

Cyclamen coum 🏆

Ciclamen; C: ciclàmen

☀ ❄❄❄ Ꞷ **A/E** 5–8 cm

Los delicados capullos se abren a finales del invierno y dejan salir las frescas flores blancas, rosas o rojas, que se disponen sobre un fondo de hojas nuevas. Éstas, que son redondeadas, tienen una tonalidad que varía desde el verde homogéneo al totalmente plateado de las que pertenecen al grupo Pewter 🏆, pasando por estadios intermedios de fondo verdoso con manchas argénteas más o menos fuertes. Plántelo de forma que los tubérculos queden justo bajo la superficie en un suelo rico y bien drenado. Cuando se las deja vivir libremente, se propagan mediante semillas.

Eranthis hyemalis 🏆

☼ ☀ ❄❄❄ Ꞷ **A/E** 5–10 cm

Con sus hojas formando una especie de collarín verde y sus bonitas flores amarillas, que se parecen a las del botón de oro, los acónitos de invierno son una promesa de primavera y de finales del invierno. Sitúelos de tal forma que puedan colonizar los huecos de los arriates o naturalizarse en el césped. Plante tubérculos a una profundidad de 5 cm en otoño, o, mejor aún, ya en forma de planta. Escoja un suelo enriquecido con materia orgánica.

Galanthus nivalis 🏆

Campanilla de las nieves; C: lliri de neu

☀ ❄❄❄ Ꞷ **A/E** 8–15 cm

Aunque hay muchas variedades exóticas de campanillas de las nieves entre las que escoger, el encanto de la más común, con sus flores sencillas y colgantes, es difícil de resistir. Plante los bulbos en grupos a una profundidad de 10 cm, preferentemente cuando empiecen a crecer o cuando estén latentes a principios del otoño. Se aclimatan fácilmente y forman atractivas masas cuando se les da un suelo rico, que permanezca húmedo durante el desarrollo y donde haya una ligera sombra durante el verano.

Helleborus argutifolius 🏆

Eléboro; C: el·lèbor; E: otsababa; G: hébord

☼ ☀ ❄❄❄ ● **A** 60–120 cm **E** 90 cm

Es una buena planta para terrenos problemáticos, ya que es muy resistente, y es capaz de crecer en suelos pobres y secos, aunque prefiere los húmedos y ricos en humus. Las hojas están compuestas por tres folíolos dentados y son de color verde intenso en el haz y más pálidas en el envés. Las flores colgantes y de color verdoso se abren a finales del invierno. Elimine las hojas y las flores viejas para dejar espacio a las nuevas, que aparecen a finales de primavera. Las semillas germinan fácilmente cuando están maduras.

Cyclamen coum

Galanthus nivalis

△ LOS ACÓNITOS DE INVIERNO, *uno de los bulbos que florecen más pronto, elevan los espíritus en invierno.*

Helleborus niger «Potter's Wheel»
Eléboro negro, rosa de Navidad; C: el·lèbor; E: garito bedarr; G: rosa de Natal
☀ ❄❄❄ **A** 30 cm **E** 45 cm
Se ha llegado a esta variedad de eléboro negro tras una rigurosa selección, y se propaga mediante semillas comercializadas. Las mejores plantas producen amplias inflorescencias redondeadas y muy duraderas, de unos 10 cm de diámetro, a finales del invierno. Unos sépalos blancos de base verdosa rodean la masa central de estambres dorados, que presentan un aspecto perfecto sobre los altos tallos y miran hacia el exterior. Plántelos en un buen suelo, enriquecido con materia orgánica, y divida las grandes matas tras la floración.

Iris reticulata 🏆
Lirio; C: lliri; E: ostargi-belar; G: lirio
☼ ❄❄❄ **A** 15 cm **E** 8 cm
Sus fragantes flores con aspecto de joya aparecen a finales del invierno a la vez que las hojas puntiagudas se abren paso a través del suelo. Varían en color desde un pálido púrpura a un lila o azul muy oscuro, con marcas de un amarillo brillante en la parte externa de los pétalos. Plante grupos de bulbos en un suelo bien drenado, a una profundidad de 8-10 cm, durante el otoño. Aplique un fertilizante rico en potasio cada dos semanas mientras esté en crecimiento, lo que permitirá que más adelante se naturalice en bonitas matas.

Iris unguicularis 🏆
Lirio; C: lliri; E: ostargi-belar; G: lirio
☼ ❄❄❄ **A** 45–60 cm **E** 60–90 cm
Para obtener el mejor despliegue de flores de color azul pálido en lo más frío del invierno, plante este lirio sobre un suelo pobre y bien drenado, de naturaleza alcalina o neutra. Pueden florecer en un hueco empobrecido entre la pared de la casa y un camino asfaltado. El follaje herbáceo se vuelve caótico, por lo que han de eliminarse las hojas dos veces al año. Divida las matas rizomatosas tras la floración o en otoño.

Scilla mischtschenkoana
Escila
☼ ☀ ❄❄❄ **A** 10–15 cm **E** 8 cm
Plante los pequeños bulbos a una profundidad de 8-10 cm a principios del otoño para que florezcan a finales del invierno. Las bonitas flores azul pálido no requieren luz directa para abrirse, por lo que son una buena opción bajo arbustos como la camelia y *Fothergilla*. Agradecen la humedad mientras crecen, pero prefieren los suelos secos durante el verano.

Iris reticulata

Scilla mischtschenkoana

Viola x *wittrockiana*
serie Universal 🏆
Violeta; C: viola; E: bioleta; G: viola
☼ ❄❄❄ **A** 15–23 cm **E** 23–30 cm
Estas coloridas violetas son difíciles de resistir cuando rellenan los huecos del jardín durante el otoño. Sus flores, que se abren a mediados del invierno cuando éste no es demasiado frío, son encantadoras y continúan así hasta la primavera. Utilícelas para rellenar huecos en arriates, en parterres y macetas. Se cultivan a partir de semillas plantadas a finales de la primavera y a principios del verano.

FOLLAJE DE INVIERNO

Para proporcionar un fondo de follaje a estas bellezas invernales, pruebe con *Arum italicum* subsp. *italicum* «Marmoratum» 🏆. Con una altura de hasta 23-60 cm, las maravillosamente esculpidas hojas en forma de flecha de esta planta parecen marchitarse durante las fuertes heladas, pero se recuperan en cuanto el clima mejora. El follaje, producido en otoño, persiste durante todo el invierno y la primavera, para morir en verano. Las flores de color verde pálido aparecen a principios del verano, y a éstas le siguen grupos de bayas rojas venenosas.

Anuales desarrolladas a partir de semilla

Una de las formas más fáciles y más económicas de cubrir zonas con un abanico de color durante el verano es sembrar plantas anuales en primavera directamente en el suelo. Éstas pueden sembrarse en cuanto las condiciones sean lo suficientemente cálidas para que las semillas empiecen a germinar y algunas de ellas son perfectas para hacer ramos, por lo que conviene reservar algún rincón del huerto para ellas, que atraerán a insectos beneficiosos como abejas y moscas rayadas. Las anuales muy resistentes también pueden sembrarse en otoño, para proporcionar una floración temprana al año siguiente.

Convolvulus tricolor «Royal Ensign»

Amaranthus caudatus
Moco de pavo
☼ ❄ **A** 90–150 cm **E** 45–75 cm
Estas impresionantes plantas producen panículas en forma de borla de 45-60 cm de longitud, constituidas por pequeñas flores de color carmesí tirando a púrpura, entre el verano y el otoño. Recuerdan a largos ramales de mijo rojo y tienen un aspecto magnífico en contraste con las grandes hojas de color verde luminoso. Algunas selecciones producen plantas con borlas de flores rojas, verdes o amarillas. Para obtener un resultado óptimo, mantenga un suelo húmedo y proporcione un soporte con palos. Recoja las simientes en otoño.

Amaranthus caudatus

Centaurea cyanus «Blue Diadem»
Aciano, azulejo; C: blauet; E: nabar-lorea
☼ ❄❄❄ **A** 75 cm **E** 15 cm
Esta variedad es una de las más clásicas entre los acianos anuales, con flores dobles de color azul que miden hasta 7 cm de diámetro. Con sus largos tallos que soportan flores azules, rosas o blancas, son unas buenas plantas para jarrones y algunas variedades se cultivan expresamente con esta finalidad. También resultan adecuadas para arriates las variedades enanas, que sólo crecen a una altura de 20-30 cm.

Chrysanthemum carinatum «Tricolor Mixed»
Margarita pintada
☼ ❄ **A** 30–45 cm **E** 30 cm
Variedad creada a partir de una especie originaria de Marruecos, esta vistosa anual produce inflorescencias simples parecidas a las margaritas, de unos 8 cm de diámetro y de color blanco, amarillo, naranja o rosa con franjas oscurecidas. Éstas aparecen por encima de unas hojas casi suculentas, profundamente divididas y de color verde grisáceo. Otra buena variedad es «Court Jesters» 🏆, de flores brillantes. Déle soporte con varas cortas.

Clarkia serie Royal Bouquet
Godecia, azalea de verano
☼ ☀ ❄❄❄
A 60–90 cm **E** 30 cm
La recompensa de sembrar estas plantas en el suelo en otoño o primavera es la aparición de unas flores dobles con pétalos satinados de tonalidades rosas, rojas, malvas y blancas. Son ideales para hacer ramos. Escoja un buen suelo de fertilidad media y, aunque sus tallos son bastante sólidos, proporcione un soporte de varas al inicio de su crecimiento.

Convolvulus tricolor «Royal Ensign»
☼ ☀ ❄❄❄ **A** 30–40 cm **E** 30 cm
El desarrollo comienza hacia arriba pero los tallos acaban «sentándose», por lo que resultan ideales para un grupo frontal. Las flores, de un profundo color azul con forma de trompeta y con los centros blancos y amarillos, pueden alcanzar 5 cm de diámetro y son extremadamente decorativas. Aunque emparentada con la correhuela, esta anual carece de raíces perniciosas.

Eschscholzia serie Thai Silk
Amapola de California; C: rosella de Califòrnia
☼ ❄❄❄
A 20–25 cm **E** 30–38 cm
Los amantes de la sencillez se sienten atraídos por *E. californica* 🏆, de luminosos pétalos naranjas. Es extremadamente fina, lo mismo que las exóticas variedades de la serie Thai Silk. Las flores dobles o semidobles se abren en un abanico de coloraciones resplandecientes entre las que se incluyen el rojo, el

Eschscholzia californica

FLORES ETERNAS

Cuando se secan, muchas anuales resistentes tienen una calidad eterna que las hace ideales para su empleo en arreglos florales o en popurrí. Recoléctelas justo antes de que las flores maduren y cuélguelas en un sitio fresco para que se sequen.

Bracteantha bracteata Las semillas seleccionadas producen plantas de 30-90 cm de altura, con flores de aspecto de papel en colores brillantes o pastel.

Limonium sinuatum Esta vivaz cultivada como anual presenta rígidos tallos alados de 60-75 cm con grupos de flores como de papel disponibles en una amplia gama de colores.

Lonas inodora Las flores amarillas con el centro marrón de esta margarita sudafricana de 30 cm de altura se abren durante un período de tiempo muy prolongado.

Rhodanthe chlorocephala subsp. *rosea* Plantas altas con brácteas de aspecto de papel de color rosado, blanco o rojo alrededor de un centro amarillo.

rosa y el naranja, todos ellos bañados en bronce. Sembrada en un suelo pobre y bien drenado se autopropagará por semillas.

Iberis amara «Giant Hyacinth Flowered Mixed»

Carraspique, nube de azúcar

☼ ❄❄❄ **A** 30 cm **E** 15 cm

Las cabezuelas se agrupan en una espiga elevada de flores blancas o rosas, ligeramente aromáticas y formadas por cuatro pétalos, que se utilizan para formar ramos y para crear masas en la parte frontal de los arriates. El carraspique más pequeño, uno de los favoritos de los niños, es *I. umbellata*, de menor altura y de inflorescencias planas. Siémbrela en primavera u otoño.

Limnanthes douglasii 🏆

☼ ❄❄❄ **A** 15 cm **E** 23 cm

Aunque se multiplica mediante semillas cuando se la abandona, esta sencilla planta, si la trata con cuidado, no se extenderá por todo el jardín. Sus hojas profundamente

Limnanthes douglasii

Iberis amara

divididas se recubren rápidamente de masas de flores de un luminoso amarillo yema, con los extremos de los pétalos blancos. Las mías florecen bien sin ahuecarse.

Linaria maroccana «Fairy Bouquet»

Linaria

☼ ❄❄❄ **A** 23 cm **E** 15 cm

Entre las linarias hay algunas anuales que son preciosas y delicadas. Las inflorescencias formadas por flores de color blanco, amarillo, rosa, salmón, naranja, carmín o lila, a menudo con una combinación de estos colores, adornan los tallos de esta variedad, mientras que las límpidas hojas lineales ocupan poco espacio. Siémbrela en un suelo ligero y bien drenado. De forma natural, se reproducen mediante semillas.

Papaver commutatum 🏆

Amapola; C: **rosella;** E: **lobedarr;** G: **papoula**

☼ ❄❄❄ **A** 45 cm **E** 15 cm

A los niños les encanta cultivar esta anual de fácil crecimiento, porque sus flores de un luminoso color rojizo, de hasta 8 cm de diámetro, tienen una mancha negra en la base de cada uno de sus pétalos. Estas flores se elevan por encima de rosetas de hojas divididas de crecimiento lento. Toleran bien suelos pobres y secos, pero las flores serán más grandes si éste está bien nutrido y regado.

SIEMBRA DIRECTA

Para sembrar varias anuales resistentes cerca unas de las otras, marque primero zonas generosas utilizando para ello surcos de arena. En cada uno de ellos, realice hileras a intervalos de 15 cm y siembre unas cuantas semillas. Cúbralas y etiquételas. Mantenga la distancia entre ellas tal como se indique en el paquete y mantenga el suelo húmedo.

CLAVE: 🏆 galardonadas ☼ sol ☀ semisombra ☀ sombra ❄ semirresistentes ❄❄ resistentes a heladas ❄❄❄ totalmente resistentes caduca perenne semiperenne **A** altura **E** envergadura

Seleccionar clemátides

Pocas plantas hay más versátiles que las clemátides, y cualquier jardín dispone de espacio para alguna de ellas. Además de crecer bien sobre los muros y las vallas, resultan muy efectivas para cubrir celosías y, combinadas con otras especies, pueden desarrollarse sobre arcos, así como junto a arbustos de un arriate. La mayoría de las clemátides son de fácil de cultivo.

C. «Vyvyan Pennell»

C. *alpina* «Frances Rivis» 🏆

☼ ☀ ❄❄❄
A 2,5 m **E** 1,5 m

Los capullos aparecen en primavera y se abren para revelar unas flores azules que se convierten en cabezuelas de semillas algodonosas. Es una buena especie para tapizar las bases de los rosales trepadores en una pérgola. Esta clemátide sólo necesita poda tras la floración, cuando su crecimiento excede su espacio.

C. *armandii*

☼ ❄❄
A 5 m **E** 3 m

Esta vigorosa vivaz perennifolia requiere un muro resguardado, una atención que se verá recompensada con masas de flores de color blanco avainillado que salen a principios de la primavera, con un fondo de largas y luminosas hojas. Las plantas son mejores cuando no se podan, pero los ejemplares que hayan crecido demasiado pueden cortarse drásticamente tras la floración.

C. «Comtesse de Bouchaud» 🏆

☼ ☀ ❄❄❄ **A** 2,4 m **E** 1,8 m

Desde mediados hasta finales del verano nacen grandes flores de color rosa, cosa que hace a esta clemátide útil para cubrir un muro o una valla fríos. Pódela a fondo a finales del invierno, pero nunca corte los tallos leñosos viejos.

C. x *durandii* 🏆

☼ ❄❄❄ **A/E** 90 cm

Más escaladora que trepadora, esta clemátide de flores de color añil requiere un arbusto sobre el cual apoyarse. Resulta excelente para colgar entre los brezos de floración invernal. Las flores se producen a mediados del verano y las plantas pueden podarse drásticamente en otoño.

C. «Elsa Späth» 🏆

☼ ❄❄❄ **A** 2,4 m **E** 1,2 m

Una buena planta para principiantes, este híbrido produce grandes flores de color azul marino durante todo el verano. Las plantas ya establecidas requieren muy poca poda, pero, si el crecimiento se enmaraña puede recortarse a finales del invierno.

C. «Etoile Rose»

☼ ☀ ❄❄❄ **A** 1,8 m **E** 90 cm

Como otras del grupo de *C. texensis*, las flores rosa oscuro de esta exquisita planta tienen una característica forma de tulipán, y aparecen desde mediados a finales del verano. Pode los tallos muertos a finales del invierno.

C. «Henryi» 🏆

☼ ❄❄❄ **A** 3 m **E** 90 cm

Adoro las clemátides de flores blancas y, entre ellas, ésta es una de las mejores. Sus inmensas flores aparecen a mediados de verano, mientras que a finales de la misma estación y durante el otoño aparecen otras de tamaño algo menor. No requiere una poda regular.

C. «Lasurstern» 🏆

☼ ❄❄❄ **A** 2,4 m **E** 90 cm

Esta variedad abre sus numerosas flores azules, cada una de ellas con una masa de anteras de color crema, a mediados del verano y, a menudo, también a finales de la estación. No requiere una poda regular.

C. *macropetala* «Markham's Pink» 🏆

☼ ☀ ❄❄❄ **A** 3 m **E** 1,5 m

Las flores de color rosa que surgen libremente tienen una delicadeza espléndida. Se abren a finales de la primavera e inicios del verano, y son semidobles con un bello traje de estambres petaloides. Si requiere una poda, ésta ha de llevarse a cabo tras la floración.

Clematis armandii

C. «Comtesse de Bouchaud»

C. «Lasurstern»

△ **PARA VESTIR ESTE MURO DE LADRILLOS** *nada mejor que* Clematis *«Snow Queen» (derecha) y C. «Elsa Späth».*

C. montana

☼ ☀ ❄❄❄ **A** 9,5 m **E** 3 m

Esta clemátide de crecimiento desenfrenado resulta ideal para cubrir muros poco atractivos del jardín y para desarrollarse entre las ramas de los árboles. Las flores blancas o rosas se abren a finales de la primavera. Para obtener aroma, opte por variedades conocidas como la blanca «Alexander» o la rosa «Elizabeth». Pódela tras la floración si fuera necesario.

C. «Niobe» 🏆

☼ ☀ ❄❄❄ **A** 1,8–3 m **E** 90 cm

Las flores marrón oscuro que aparecen desde mediados a finales del verano hacen de ésta una de las plantas más apreciadas. Armoniza bien con el color plata, el púrpura y el rosa. La poda no es vital; puede recortar los brotes al nivel de los tallos más gruesos al final del invierno.

C. «Pink Fantasy».

☼ ☀ ❄❄❄ **A** 1,8 m **E** 90 cm

Las grandes flores rosas se abren desde mediados a finales del verano y cambian su tonalidad desde un rosa intenso cuando se abren a un blanco con tintes rosados cuando están bien maduras. Se dice que son resistentes a marchitarse. Esta clemátide debería podarse drásticamente a finales del invierno.

C. «Bill MacKenzie» 🏆

☼ ☀ ❄❄❄

A 6 m **E** 3 m

Esta planta florece desde mediados del verano al otoño, y las cabezuelas sedosas persisten bien durante el invierno. Las flores colgantes de color amarillo y forma de farol están adornadas con anteras de un vivo color rojo. Utilícela para tapizar pérgolas y hacerlas subir entre las ramas de los árboles. Pódela drásticamente en invierno.

C. «Ville de Lyon»

☼ ❄❄❄ **A** 3 m **E** 1,2 m

Las grandes flores redondeadas de color rojo se abren desde finales del verano al otoño, y cada una de ellas presenta una masa central de estambres dorados. Para alargar el despliegue floral, pódela a finales del invierno.

CLEMÁTIDES A LO LARGO DEL AÑO

PRIMAVERA:
C. alpina
C. macropetala
PRINCIPIOS DEL VERANO:
C. montana, C. «Nelly Moser» 🏆
C. «Mrs. Cholmondeley» 🏆
FINALES DE VERANO:
C. «Kardynal Wyszyński»
C. «Marie Boisselot» 🏆
OTOÑO:
C. flammula
INVIERNO:
C. tangutica (cabezuelas)
FINALES DE INVIERNO:
C. cirrhosa var. *balearica* 🏆

C. «Vyvyan Pennell» 🏆

☼ ❄❄❄ **A** 2,4 m **E** 90 cm

Una de las mejores clemátides de flores dobles. La temprana floración estival da lugar a una mezcla de azul y violeta con cálidos tonos de carmín y amarillo en las anteras. Al igual que otras especies dobles de clemátides, es innecesario podarla.

C. **«Niobe»**

Elección y empleo de rosales

R. «Korresia»

Este maravilloso grupo de plantas ofrece un gran número de posibilidades: hay eficientes cobertoras de suelo, bonitos rosales de patio para macetas y pequeños parterres, arbustos para arriates mixtos y trepadoras para revestir superficies verticales, sin mencionar las matas de rosales que se utilizan para dar colorido al jardín y obtener flores para ramos. Al escoger los rosales tenga en cuenta la amplitud de la época de floración, la calidad de su aroma y su resistencia a las enfermedades.

ROSALES COBERTORES DEL SUELO

R. Suffolk

☼ ❄❄❄ **A** 45 cm **E** 90 cm

Algunos rosales cobertores del suelo son muy grandes, de modo que para los jardines reducidos esta pequeña planta resulta ideal. Espere un despliegue de flores individuales de color escarlata, decoradas con estambres amarillos, que se producen durante todo el verano y que se convierten en frutos de un color rojo anaranjado. La poda no es obligatoria, pero conviene reducirlo a la mitad a finales del invierno.

R. «Flower Carpet» 🏆

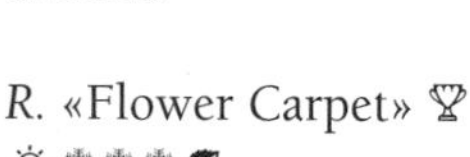

☼ ❄❄❄

A 75 cm **E** 1,2 m

Rosal vigoroso y resistente a las enfermedades, introducido en 1992, con grupos de flores dobles, de color rosa. «Flower Carpet White» es más fácil de conjuntar con otras plantas.

R. «Flower Carpet»

ROSALES DE PATIOS

R. «Marie Pavie»

☼ ☀ ❄❄❄ **A/E** 45 cm

A pesar de que la idea de un rosal de patio es moderna, este bonito Polyantha enano data de 1888. Forma un buen perfil de matorral y los grupos de aromáticas flores blancas con tonalidades rosadas se abren durante un largo período. Se trata de un rosal fuerte. Pode los tallos leñosos muertos en invierno.

R. «Queen Mother» 🏆

☼ ❄❄❄ **A** 40 cm **E** 60 cm

Es un rosal enano muy resistente a las enfermedades y de profusa floración, creado en 1991. Las hojas son brillantes y se acompañan con una sucesión de flores rosas redondeadas desde el verano al otoño. Ligeramente aromáticas, se abren por completo para mostrar los estambres amarillos. Pódelo a finales del invierno, reduciendo su talla a la mitad.

R. «Sweet Dream» 🏆

☼ ❄❄❄ **A/E** 45 cm

Lo que le falta de aromático a este rosal, lo compensa produciendo masas de flores dobles con tonalidad albaricoque. Fue introducido en 1988.

ROSALES FORMADORES DE MATAS

R. «Korresia»

☼ ❄❄❄ **A** 75 cm **E** 60 cm

Normalmente intento no escoger rosales amarillos, pero este precioso rosal formador de masas de flores (Floribunda), creado en 1974, es uno de los más populares. Hojas de color verde claro se acompañan de un gran número de flores dobles y aromáticas, desde el verano al otoño. Pódelo recortando los tallos verdes a la mitad o incluso más a finales del invierno.

R. «Margaret Merril» 🏆

☼ ❄❄❄ **A** 75 cm **E** 60 cm

Desde su introducción en 1978, este rosal formador de masas de flores (Floribunda) ha incrementado su popularidad por su profunda fragancia y por la soberbia forma de sus flores blancas. Sus tonalidades rosadas contrastan muy bien con el fondo de hojas verde oscuro. Las flores alcanzan un diámetro de 10 cm. Recórtelo más o menos a la mitad a principios de la primavera.

R. «Mevrouw Nathalie Nypels» 🏆

☼ ❄❄❄ **A** 75 cm **E** 60 cm

Este Polyantha con grupos de flores de una ligera fragancia data de 1919. Presenta brillantes hojas oscuras y flores semidobles de color rosado que aparecen desde el verano hasta el otoño.

R. «Reconciliation»

☼ ❄❄❄ **A** 90 cm **E** 60 cm

Adoro las tonalidades de melocotón de este rosal de flores grandes (híbrido de té), creado en 1995. Sus flores, bien formadas, son ligeramente aromáticas así como muy decorativas en una maceta. Pódelo hasta la altura deseada a finales del invierno.

R. «Savoy Hotel» 🏆

☼ ❄❄❄ **A** 80 cm **E** 60 cm

Esta variedad productora de un gran número de flores (híbrido de té) data de 1989.

Los pétalos de sus altas flores dobles ligeramente aromáticas son de un color rosa pálido en el haz, pero más oscuro en el envés.

ROSALES ARBUSTIVOS

R. «Graham Thomas» 🏆
☼ ❄❄❄ ⊘ **A/E** 1,2 m
Es la mejor del grupo de los rosales ingleses de David Austin, obtenida mediante cruces de rosas clásicas seleccionadas con modernos híbridos de té y Floribunda para conseguir los mejores aspectos de ambos. Las flores dobles de vivo color amarillo en forma de taza emiten una fuerte fragancia a rosa de té. De imponente presencia, están ligeramente divididas y presentan un gran número de pétalos. Pode los tallos entre una mitad y un tercio a principios de la primavera. Fue introducido en 1983.

R. x *centifolia* «Muscosa» 🏆
☼ ❄❄❄ ⊘ **A/E** 1,2 m
Este rosal (1700) produce una rica floración rosa a partir de aromáticos capullos, que recuerdan al musgo.

◁ UNA PÉRGOLA *es un marco ideal para la trepadora «Bobbie James», podada y guiada.*

R. «Königin von Dänemark» 🏆
☼ ❄❄❄ ⊘ **A** 1,5 m **E** 1,2 m
Éste es un Alba que data de 1826. Aunque florece una sola vez en verano, merece la pena por sus aromáticas flores rosadas de 9 cm de diámetro.

R. «Prosperity» 🏆
☼ ❄❄❄ ⊘ **A** 1,5 m **E** 1,2 m
Este almizcleño híbrido (1919) presenta hojas oscuras y grupos de aromáticas flores dobles de color blanco crema con tonalidades rosadas.

ROSALES TREPADORES

R. «Bobbie James» 🏆
☼ ❄❄❄ ⊘ **A** 10 m **E** 6 m
Plántelo con precaución, ya que sus largos tallos alcanzan una gran altura trepando por los árboles o cualquier otro soporte que se le ofrezca. Los abundantes grupos de pequeñas pero muy fragantes flores semidobles y de color blanco crema se abren en verano, y cada una de estas flores presenta un centro de estambres dorados. Fue introducido en 1961. Pódelo, si es necesario, eliminando los tallos viejos a finales del verano.

R. «Guinée»
☼ ❄❄❄ ⊘ **A** 4,5 m **E** 2,2 m
Esta trepadora puede clasificarse como de crecimiento lento, ya que le cuesta bastante tiempo establecerse. Pero la paciencia y un cultivo cuidadoso se verán más que recompensados por sus flores de color rojo oscuro, de diámetro algo superior a los 10 cm, con un perfume de exquisita intensidad y calidad. Fue introducida en 1938. Guíe el máximo de tallos posible y corte los no deseados de los extremos para reducir las espinas a principios de la primavera.

R. «François Juranville» 🏆
☼ ❄❄❄ ⊘ **A** 6 m **E** 4,5 m
Los pétalos ligeramente hendidos y de color rosa coral tienen un toque de amarillo en la base y se abren hasta formar flores dobles de forma aplanada y fragancia afrutada. Escoja esta trepadora, introducida en 1906, para pérgolas y hacerla crecer sobre pequeños árboles. La poda es necesaria; corte los tallos viejos inmediatamente después de la floración y ate los nuevos vástagos.

R. «Golden Showers» 🏆
☼ ❄❄❄ ⊘ **A** 3 m **E** 1,8 m
Esta fiable trepadora de flores amarillas data de 1956. La extensa floración se produce de forma sucesiva, incluso en un muro frío.

R. «Sympathie»
☼ ❄❄❄ ⊘ **A** 3 m **E** 2,5 m
Un trepador vigoroso que data de 1964 y presenta grupos de flores dobles de color rojo oscuro en forma de copa entre el verano y el otoño.

R. «Zéphirine Drouhin» 🏆
☼ ❄❄ ⊘ **A** 3 m **E** 1,8 m
Este extremadamente popular trepador carente de espinas fue introducido en 1868. Entre sus virtudes se encuentran sus aromáticas flores de color rosa oscuro que nacen a lo largo de un amplio período. Tiende a sufrir de mildiu y requiere menos poda si se cultiva en un muro frío.

R. «Margaret Merril»

R. «Reconciliation»

R. «Graham Thomas»

CLAVE: 🏆 *galardonadas* ☼ *sol* ☀ *semisombra* ● *sombra* ❄ *semirresistentes* ❄❄ *resistentes a heladas* ❄❄❄ *totalmente resistentes* ○ *caduca* ● *perenne* ⊘ *semiperenne* **A** *altura* **E** *envergadura*

Gramíneas ornamentales y bambúes

Hakonechloa macra «Alboaurea»

En un momento en que aumenta su popularidad, las monocotiledóneas han pasado a formar parte de los nuevos y relajantes estilos de jardín. No sólo se plantan por su follaje, sino también por sus decorativas inflorescencias, que a menudo permanecen durante el otoño y principios del invierno. Los bambúes se utilizan por sus preciosos tallos y su aspecto oriental. Raramente producen flores, pero algunas especies sí florecen.

Deschampsia cespitosa «Goldtau»
Hierba matosa

A 60–90 cm **E** 60–75 cm

El principal período de floración va del verano al otoño, cuando las altas espigas de flores doradas y broncíneas emergen de unas matas de follaje de color verde intenso y persisten hasta principios del invierno. Plántela en grupos para obtener un despliegue impresionante. Mantenga el suelo ligeramente húmedo y recorte las flores marchitas en primavera. Divídala a principios de dicha estación.

Elymus hispidus
Grama peluda

A 45–75 cm **E** 30–45 cm

Incluso un ejemplar único de esta planta resulta efectivo. Su follaje de color azul acero está en óptimas condiciones desde la primavera hasta el otoño. Una ligera poda ocasional lo mantendrá en impecable estado, sin embargo, conviene podarlo drásticamente a principios de la primavera, antes de que comience el crecimiento. Es una buena planta para suelos secos y arenosos, y se propaga fácilmente mediante semillas o por división en primavera.

Hakonechloa macra «Aureola» 🏆

A 30–38 cm **E** 30–45 cm

Dispuesta en grupos de cinco o más, la masa arqueada de esta hierba maravillará a todo el mundo por su forma y colorido. Cultivadas en una maceta, las flexibles y luminosas hojas amarillas, marcadas en su longitud por finas líneas verdes, cubrirán sus paredes. *H. m.* «Alboaurea» es parecida, con hojas verdes, blancas y amarillas. Las flores de color verde pálido se abren en panículas a finales del verano y hasta mediados de otoño. Divídala en primavera.

Milium effusum «Aureum»

A 30–45 cm **E** 23–30 cm

Esta hierba se propaga por sí misma mediante semillas en zonas parcialmente umbrías, creando masas informales de luminosas hojas de color verde lima, más bonitas en primavera y verano. Las pequeñas espigas de flores doradas nacen en panículas colgantes desde finales de la primavera a mediados del verano. Para obtener unos resultados óptimos, plántela en un suelo rico y húmedo, aunque bien drenado. Divídala a principios de la primavera.

Miscanthus sinensis «Kleine Fontäne»
Eulalia; C: **eulàlia**

A 90–120 cm **E** 60–90 cm

Las hojas primero erectas y luego arqueadas de esta hierba se acompañan de sedosas espigas de flores en otoño. Sin embargo, para obtener un efecto duradero del follaje escoja *M. s.* «Morning Light», cuyas altas hojas verdosas tienen anchos márgenes de color crema. Esta variedad presenta un gran interés arquitectónico durante todo el invierno, con un follaje que se torna amarillo anaranjado. En primavera córtela para dar paso al nuevo crecimiento y divídala.

Pennisetum alopecuroides «Woodside»

A 60–120 cm **E** 45–90 cm

En verano aparecen en esta decorativa planta unas inflorescencias de color amarillo pardo con forma de escobilla. Las flores

Milium effusum «Aureum»

Pleioblastus auricomus

◁ UNO DE LOS MÁS CLÁSICOS *y sorprendentes bambúes es* Phyllostachys nigra, *cuyas cañas al madurar adquieren una tonalidad negra. Aquí puede verse en un papel extremadamente ornamental, junto al agua.*

duran hasta el otoño y se asocian bien con el follaje mientras se torna dorado. Se cultiva tanto individualmente como en grupo. Plántelo en un suelo fértil y bien drenado, y divídalo a finales de la primavera.

Phyllostachys aureosulcata «Spectabilis»

Bambú; C: bambú

☼ ☀ ❄❄❄ ● **A** 3–6 m **E** 1,2–4 m

Mucha agua y la adición de mantillo en primavera hará que este precioso bambú crezca correctamente. Las cañas son de color amarillo crema con estrías verdes y el follaje es elegante y decorativo. Corte las cañas débiles regularmente (*véase* inferior izquierda) y deje madurar las más vigorosas. Elimine las ramas laterales más bajas para que queden tallos rectos, divídala a principios de la primavera.

Phyllostachys nigra 🏆

Bambú negro; C: bambú negre

☼ ❄❄❄ ● **A** 3–5 m **E** 1,8–3 m

Aunque capaz de tolerar lugares ligeramente umbríos, uno soleado será lo mejor para sus brillantes cañas negras. Éstas empiezan siendo de color verde oliva moteadas de negro, y no alcanzan la perfección hasta los tres años de edad. Es un ejemplar maravilloso para un tiesto grande. Nútralo y riéguelo bien desde la primavera a principios del verano y elimine los tallos más débiles regularmente. Divídalo a principios de la primavera.

Pleioblastus auricomus 🏆

☼ ❄❄❄ ● **A** 1,2–1,5 m **E** 90–150 cm

Este espléndido bambú iluminará el arriate más apagado con el ligero efecto de sus relucientes hojas estriadas en verde y amarillo dorado. Plántelo en lugares donde no reciba vientos fríos y secos. Para obtener los mejores resultados, córtelo hasta nivel del suelo cada año en otoño. Utilícelo en jardines pequeños donde se requiera colorido durante todo el año. Divida los rizomas en primavera.

Stipa tenuissima

☼ ❄❄❄ ○ **A** 45–60 cm **E** 30 cm

Sobre las hojas erectas y de color verde reluciente de esta monocotiledónea se elevan unas flores de un blanco plateado durante todo el verano. Éstas nacen en sedosas panículas plumosas y ondeantes que se deshacen rápidamente con el viento. Plántela en grupos de tres o cinco en suelos ligeros y bien drenados y córtela por la base a principios del invierno. Divida las matas a mediados de la primavera.

REVELAR LOS TALLOS

Los bambúes como este *Phyllostachys aureosulcata* «Spectabilis» aporta belleza durante todo el año a cambio de muy poco mantenimiento. Para acicalarlos, elimine las ramas laterales bajas y arranque las cañas débiles, que hacen que la mata parezca desordenada.

SELECCIÓN DE BAMBÚES Y GRAMÍNEAS

Arrhenatherum elatius ssp. *bulbosum* «Variegatum» ○
Chionochloa rubra ●
Chusquea culeou 🏆 ●
Fargesia nitida 🏆 ●
Festuca glauca «Elijah Blue» ●
Festuca glauca «Golden Toupée» ●
Luzula nivea ●
Melica ciliata ○
Stipa gigantea 🏆 ◐

***Miscanthus sinensis* «Kleine Fontäne»**

Plantas de verano para macetas

Las macetas, tinas, cestos y jardineras llenas de plantas constituyen una forma ideal de añadir color y proporcionar puntos de interés al jardín. Cualquier recipiente es un elemento móvil que puede colocarse en el lugar adecuado del jardín. Aunque requiere un riego y abonado regulares, no precisa cavar ni desmalezar. Para un despliegue de flores estival, plante a finales de la primavera o a principios del verano.

Argyranthemum gracile «Chelsea Girl» 🏆
Margarita, crisantemo; C: margarida, crisantem; E: krisantemo; G: crisantemo
☼ ❄ ● **A/E** 60 cm
Una sucesión de pequeñas margaritas blancas y amarillas nacen de finos tallos que se elevan sobre un follaje de hojas profundamente divididas que recuerdan a las de los helechos. Utilice esta tierna vivaz para una maceta o como elemento central de un cesto colgante. Plántela en el tiesto en otoño y póngala en el invernadero en invierno para evitar las heladas. Tome esquejes en verano o primavera y vigile los áfidos.

Begonia serie Illumination 🏆
Begonia; C: begònia
☼ ☀ ❄ ○ **A** 60 cm **E** 30 cm
Esta begonia tuberosa y rastrera es la solución ideal para un cesto colgante en un muro umbrío. Plántela a inicios de verano y vigile para que sus tallos rastreros no colonicen el cesto. Produce masas de flores dobles de colores vivos de 8 cm de diámetro. Los tubérculos pueden secarse para guardarlos en un lugar a resguardo de las heladas durante el invierno. Empiece a hacerlos crecer cuando se inicie la temporada de calor a principios de la primavera siguiente.

Brachyscome iberidifolia
☼ ❄ ○ **A** 45 cm **E** 35 cm
La extensa naturaleza de esta anual la hace ideal para cestos colgantes y macetas de ventana. Las hojas profundamente divididas y con una forma parecida a la de los helechos son el telón de fondo de masas de flores como las de las margaritas, de color azul, a veces violeta o blanco, con un botón central amarillo y que combinan muy bien con otras plantas de maceta en pleno sol. Siembre las semillas en el invernadero en primavera.

PLANTAS DE VERANO PARA CESTOS COLGANTES

Felicia amelloides «Santa Anita» 🏆 ●
Glechoma hederacea «Variegata» ●
Impatiens walleriana serie Super Elfin 🏆
Lobelia erinus «Lilac Fountain»
Lobelia richardsonii ●
Lysimachia «Golden Falls» ●
Lysimachia nummularia «Aurea» 🏆 ●
Tagetes «Lemon Gem»

Fuchsia «Annabel» 🏆
Fucsia; C: fúcsia
☀ ❄ ● **A/E** 30–60 cm
Existe un gran número de fucsias para todos los gustos y tipos de recipientes. Estas tiernas vivaces crecen mejor en condiciones más o menos sombrías. «Annabel» es un tipo arbustivo con flores dobles blancas y tintes rosados. Tome esquejes durante el verano y hágales pasar el invierno dentro de un invernadero. Pode las plantas a principios de la primavera.

Helichrysum petiolare «Roundabout»
Siempreviva; C: sempreviva; E: betibizi; G: herba das almorans
☼ ❄ ● **A** 15 cm **E** 30 cm
Estas plantas de fuerte follaje son un buen ingrediente para el cultivo en macetas. *Helichrysum petiolare* 🏆, de hojas argénteas y afieltradas, y sus variedades son ideales para obtener flores de intensos colores. Con hojas pequeñas y un crecimiento lento y bajo, «Roundabout» no rellenará un cesto colgante. Sus hojas de un verde grisáceo tienen márgenes de color crema. Los esquejes de verano se pudrirán con una tierra demasiado húmeda.

Argyranthemum gracile

Begonia «Illumination Apricot»

Brachyscome iberidifolia

◁ **LAS PETUNIAS REPTANTES** *como* Surfinia Blue Vein *resultan difíciles de igualar por su vigoroso crecimiento y la abundancia de grandes flores. Utilícelas en jardineras, en cestos colgantes y para suavizar la parte frontal de las tinas grandes.*

Verbena «Silver Anne» ♡

Verbena; C: berbena; E: berbena, belarra; G: vergeban

☼ ❄❄ ● **A** 30 cm **E** 60 cm

Hay muchas verbenas vivaces de costumbres reptantes, ideales para recipientes. «Silver Anne» es suficientemente robusta para aguantarse por sí misma en un cesto, plantada junto con fucsias y geranios. Presenta aromáticas flores rosas que se toman argénteas al envejecer. Tome esquejes en verano y cultívelas en el invernadero durante el invierno para resguardarlas de las heladas. Pode las plantas poco atractivas en primavera.

Mimulus x *hybridus* serie Magic

Mímulo; C: mímulus

☼ ☀ ❄ **A** 20 cm **E** 30 cm

Esta tierna vivaz arbustiva de crecimiento extenso pertenece a mi familia vegetal preferida, las escrofulariáceas, y está emparentada con las dedaleras y las linarias. Trátelas como anuales plantando las semillas en el invernadero en primavera. El abanico de colores es exquisito e incluye vivos rojos, amarillos y anaranjados, así como tonalidades pastel, la mayoría de ellas con gargantas moteadas. Ideales para cestos colgantes en zonas de sombra y para macetas de ventana.

Pelargonium «L'Elégante» ♡

Geranio

☼ ❄ ● **A** 20–25 cm **E** 20 cm

El follaje de esta ordenada y tierna vivaz reptante es extremadamente decorativo. Sus hojas con forma de hiedra tienen márgenes irregulares de color crema que se vuelven rosados con una buena cantidad de luz e inflorescencias blancas que aparecen durante el verano. Propáguela a partir de esquejes estivales y hágales pasar el invierno protegidas de las heladas. Pode las plantas maduras y muy desgarbadas a principios de la primavera.

***Pelargonium* «L'Elégante»**

Petunia serie Surfinia

Petunia; C: petúnia

☼ ❄ **A** 30 cm **E** 60–90 cm

Las petunias reptantes son muy populares para las macetas de ventana y los cestos colgantes, ya que producen largos tallos recubiertos de grandes flores con forma de trompeta. La mayoría de ellas son aromáticas y el abanico de colores incluye el azul, el púrpura, el blanco, el rosa fuerte y el rosa claro. Pueden propagarse mediante esquejes, pero, debido a que son propensas al ataque de virus, es aconsejable comprar nuevas plantas jóvenes y sanas cada primavera.

Portulaca grandiflora híbridos Sundance

Verdolaga de flor; C: verdolaga de flor

☼ ❄ **A/E** 15 cm

La tolerancia a la sequía es una condición útil para las plantas que crecen en macetas. Los atractivos tallos rojos y el carnoso follaje compuesto por hojas cilíndricas y largas de esta suculenta anual sudamericana armonizan bien con *Aeonium*, los ágaves y los geranios. Los híbridos Sundance tienen un carácter reptante y producen flores dobles en un amplio espectro de colores que incluye vivos rosas, rojos, naranjas, blancos y amarillos. Cultívelas a partir de semillas plantadas en invierno en el invernadero.

PLANTACIÓN Y CUIDADOS

- **Asegúrese de que todos los contenedores poseen agujeros de drenaje. Utilice patas de maceta o ladrillos para elevarlos del suelo.**
- **Emplee siempre un buen sustrato para macetas; pruebe una mezcla a partes iguales de volumen de una variedad sin tierra y John Innes n.º 2.**
- **No disponga los tiestos en el exterior hasta que haya pasado el peligro de heladas.**
- **En el momento de la plantación, añada al sustrato un fertilizante de liberación lenta y gránulos de retención de la humedad.**
- **Aplique fertilizante líquido universal al menos una vez a la semana a la mayor parte de las plantas.**

Recipientes para invierno y primavera

El otoño es el momento de eliminar las flores estivales marchitas de los recipientes y tiestos así como de reemplazarlas por otras de primavera e invierno. Escoja arbustos y vivaces resistentes para dar cuerpo y forma a los recipientes, hiedras rastreras y pequeños pensamientos, belloritas y prímulas para proporcionarles colorido y relleno. Introduzca bulbos de especies enanas de floración primaveral alrededor de las raíces de otras plantas para obtener agradables sorpresas.

Tanacetum parthenium «Aureum»

Ajuga reptans «Braunherz»
Búgula menor, consuelda media; C: búgula; E: girtangorria
A 15 cm E 60 cm
Las bajas rosetas de hojas brillantes de color marrón oscuro de esta vivaz cobertora del suelo pueden tapar huecos de los arreglos florales en invierno y primavera. Florecen incluso en los extremos de los cestos colgantes. Las espigas de flores azules de 15 cm de alto aparecen a finales de la primavera e inicios del verano. Al vaciar el recipiente, plante una búgula en el suelo y se propagará rápidamente, preparada para complementar a futuras plantaciones.

Bellis perennis serie Pomponette
Bellorita, chirivita; C: margalideta, margaridoia; E: bitxilore; G: margarida
A/E 10–15 cm
Sembrada a principios del verano puede obtener plantas que florecerán en otoño y primavera. Las bonitas cabezuelas dobles de forma abovedada y color rojo, rosa o blanco, de unos 4 cm de diámetro, están formadas por una densa masa de pétalos enteros o ahorquillados. Aunque se tratan como bienales, son vivaces y las masas pueden dividirse tras la floración. Vigile los áfidos.

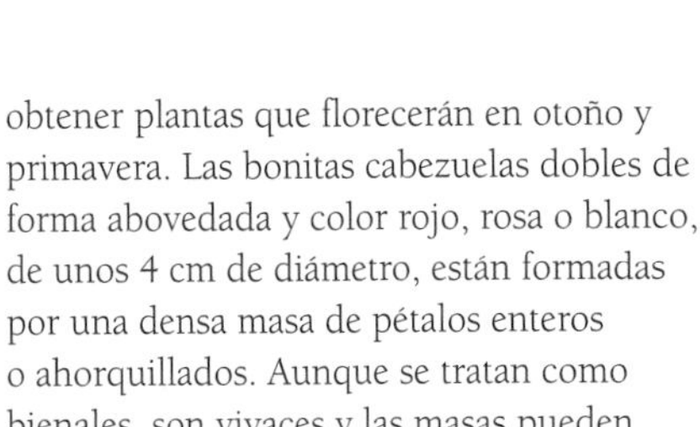

Brassica oleracea serie Osaka
Col, berza ornamental; C: col caragolera; E: aza; G: bertón
A 30 cm E 45 cm
Aunque estas coloridas coles pueden cultivarse a partir de semillas en primavera y plantarse en otoño, por lo general son el resultado de una compra impulsiva. Cuando las temperaturas bajan, las hojas de márgenes ondulados hacia los corazones intensifican su coloración dando lugar a un rosa o un rojo luminoso, o un blanco crema. Las plantas se mantienen bien hasta mediados del invierno, tras lo cual empiezan a marchitarse y espigarse.

Bellis perennis «Prolifera»

Berza ornamental

PLANTAS PERENNIFOLIAS PARA TIESTOS DE INVIERNO Y PRIMAVERA

Bergenia «Wintermärchen»
Blechnum penna-marina
Erica carnea «Springwood White»
Euonymus fortunei «Emerald 'n' Gold»
Euonymus fortunei «Silver Queen»
Hedera helix «Königers Auslese»
Helleborus niger
Santolina chamaecyparissus
Solanum capsicastrum
Thymus x *citriodorus* «Aureus»
Viola x *wittrockiana* serie Universal

Carex hachijoensis «Evergold»
Juncia
A 23 cm E 45 cm
Esta hierba vivaz posee copetes de hojas muy decorativas para macetas de ventana. Estas estrechas hojas están recorridas por estrías longitudinales e irregulares de un amarillo crema. Se propagan por división en primavera, y soportan bien su trasplante en otoño y su reposición en primavera si están bien regadas.

Chamaecyparis lawsoniana «Ellwood's Gold» 🏆
Ciprés de Lawson; C: xiprer de Lawson; E: Lawson altzifrea
☼ ☀ ❄❄❄ ● **A** 3 m **E** 1,5 m
El denso follaje de color amarillo verdoso moteado de dorado hace de esta conífera de crecimiento lento un elemento de interés durante todo el año. Su altura se ve restringida por el hecho de crecer dentro de una maceta. Utilícela como una pieza central en un recipiente grande, o sitúe dos o más ejemplares pequeños a lo largo de una jardinera para proporcionarle una buena estructura. Mantenga las raíces húmedas, o de lo contrario las hojas se tornarán marrones.

Gaultheria procumbens 🏆
☼ ☀ ❄❄❄ ● **A** 15 cm **E** 60–90 cm
Las atractivas hojas perennifolias están acompañadas de pequeñas flores acampanadas de color rosa pálido en verano. Durante el otoño, estas flores se convierten en frutos escarlatas y, a menudo, las hojas también se vuelven rojas cuando las temperaturas empiezan a bajar. Plante este arbusto en cualquier recipiente, utilizando sustrato ericáceo, ya que son amantes de los suelos ácidos. También resultan buenas cobertoras de suelo para zonas sombrías. Separe retoños con raíces en primavera.

Gaultheria procumbens

Ophiopogon planiscapus «Nigrescens» 🏆
☼ ☀ ❄❄❄ ● **A** 20 cm **E** 30 cm
Con sus robustas y brillantes hojas de color casi negro, esta vivaz perennifolia parece una oscura arañuela. Plántela cerca de colores pálidos para hacer más vistoso su follaje estriado. Ideal para cestos colgantes, también es resistente a la sequía. Las raíces rizomatosas se extienden rápidamente produciendo masas de nuevas plantas. Divídala en primavera.

Primula serie Wanda
Prímula, primavera; C: prímula
☼ ☀ ❄❄❄ ● **A** 10 cm **E** 15 cm
Estas prímulas de colores luminosos pueden adquirir tonalidades amarillas, azules, rosas, rojas, burdeos, naranjas o blancas, por lo general con el centro amarillo. A finales de la primavera, plántelas en un rincón sombrío del jardín, de donde pueden desenterrarse, dividirse y utilizarse otra vez el otoño siguiente.

Tanacetum parthenium «Aureum»
Tanaceto
☼ ❄❄❄ ● **A** 45 cm **E** 30 cm
Allí donde haya utilizado un gran número de plantas de hoja verde, encuentre un espacio para unos cuantos ejemplares jóvenes de esta vivaz de hojas doradas. Su denso crecimiento basal consiste en aromáticas hojas ligeramente divididas, con forma de helecho, que sientan muy bien a los cestos y las macetas. Plántela en el exterior en verano y sus hojas crecerán y se abrirán pequeñas flores blancas compuestas. Cultívelas a partir de semillas en primavera.

Vinca minor
Vincapervinca menor; C: vinca petita
☼ ☀ ❄❄❄ ●
A 10–20 cm **E** 60–120 cm
Los ejemplares de esta mata vivaz son una alternativa reptante a las omnipresentes hiedras. Sus nítidas hojas verdes se disponen a pares a lo largo de los tallos y están acompañadas, principalmente durante la primavera, por bonitas flores azules. Otras variedades presentan flores blancas o púrpuras, y también hay de flores dobles, así como de follaje multicolor. La propagación se realiza por división o esquejes de verano.

CONSEJOS PRÁCTICOS PARA EL CULTIVO EN MACETA

- **Intente cultivar una reserva de vivaces útiles que puedan retirarse del jardín en otoño y reponerse en primavera.**
- **Compruebe regularmente los requerimientos de riego de los recipientes, incluso en invierno. Los cestos y las macetas situados a resguardo de la lluvia son particularmente susceptibles a secarse.**
- **Los cestos colgantes pueden estar expuestos a las heladas secas cuando soplan los vientos fríos. Sitúelos en recipientes sólidos en un lugar resguardado hasta que vuelva el buen tiempo.**
- **Compruebe regularmente la presencia de áfidos en los brotes y las yemas de las belloritas, los pensamientos y *Polyanthus*.**

▽ **AUNQUE LAS PRÍMULAS** *pueden cultivarse a partir de semillas, normalmente estas preciosas vivaces se compran ya con flores para seleccionar los colores preferidos.*

CLAVE: 🏆 *galardonadas* ☼ *sol* ☀ *semisombra* ✹ *sombra* ❄ *semirresistentes* ❄❄ *resistentes a heladas* ❄❄❄ *totalmente resistentes* ○ *caduca* ● *perenne* ◐ *semiperenne* **A** *altura* **E** *envergadura*

Plantas de maceta poco frecuentes

Acer palmatum var. dissectum

A menudo existe la necesidad de tener recipientes con plantas permanentes para lugares prominentes del jardín o bien para embellecer superficies duras. Las plantas arquitectónicas son elementos que atraen la atención, por lo que resultan ideales para una posición permanente. Entre ellas, resultan adecuados algunos pequeños árboles, así como una gran cantidad de arbustos y de vivaces. La restricción del desarrollo de las raíces en las macetas reduce la altura final de la planta y disminuye su crecimiento. Algunas de estas plantas son tiernas y requieren protección invernal.

Acer palmatum var. *dissectum* ♀
Arce japonés; C: auró; E: astigar
☼ ☀ ❄❄❄ ◌ **A** 1,8 m **E** 3 m
Los arces japoneses son árboles elegantes para recipientes permanentes. Mi arce maduro ha crecido en el mismo barril de madera durante los últimos diez años. El brillante follaje joven de primavera madura formando hojas recortadas, lobadas, que se vuelven anaranjadas y rojas en otoño. Las pequeñas flores de un rojo púrpura maduran produciendo brillantes frutos alados. Incluso el entramado de ramas que forman una cúpula en invierno resulta atractivo. Resguárdelo de vientos y de heladas tardías.

Agapanthus campanulatus
Agapanto, lirio africano, tuberosa azul; C: flor de l'amor
☼ ❄❄❄ ◌ **A** 60–120 cm **E** 45 cm
Aunque estas vistosas vivaces son bastante resistentes, cuando se plantan en un recipiente pueden trasladarse a un lugar resguardado en invierno. Las inflorescencias globosas de 10-20 cm de diámetro nacen en altos tallos que se elevan por encima de hojas con forma de cinta. Por lo general, estas cabezas florales están compuestas de flores de color azul intenso, aunque pueden ser de un tono más pálido o más oscuro de azul o incluso blancas. Aplique fertilizante líquido cada dos o tres semanas desde primavera hasta la época de floración en verano.

Agapanthus campanulatus

Cordyline australis «Torbay Dazzler»
Drácena; C: cordilina
☼ ❄❄ ● **A** 2,5–3 m **E** 90–250 cm
Al ser unas plantas extraordinariamente llamativas, las drácenas proporcionan un regalo a la vista con su erupción de largas y puntiagudas hojas. Las pertenecientes a la variedad «Torbay Dazzler» son estriadas, con el margen amarillo crema y destellos rosados en la base. Póngalas bajo la protección del invernadero o en algún lugar resguardado en invierno, ya que sus hojas son propensas a estropearse con los vientos fríos.

Corylus avellana «Contorta» ♀
Avellano; C: avellaner; E: ur, urra, urraitz; G: avelaneiro, aveleira
☼ ☀ ❄❄❄ ◌ **A/E** 4,5 m
Si desea una planta de invierno poco usual, escoja este arbusto cuyas ramas se retuercen en espiral al crecer. Las hojas caen en otoño para dejar a la vista las esculturales ramas, que a finales de invierno están decoradas con amentos de color amarillo pálido de 5 cm de longitud. Plante en su base bulbos de floración temprana y *Arum* de hojas marmoladas. Elimine los retoños y tallos no deseados durante el invierno.

Melianthus major ♀
Flor de miel; C: flor de mel
☼ ❄❄ ◐ **A** 1,2–1,8 m **E** 90–180 cm
Apreciado por sus sedosos folíolos dentados de color verde azulado, este alto e imponente arbusto se comporta como una herbácea vivaz cuando se le deja en el exterior expuesto al frío del invierno. Sólo sobrevivirá a esta estación si se encuentra situado en un lugar resguardado, aunque los que estén plantados en una maceta podrán introducirse en el invernadero durante el invierno. Cultive la flor de miel de forma individual o en masas en tiestos grandes de cultivo mixto.

Polystichum polyblepharum
Helecho de borla japonés
☀ ❄❄❄ ● **A** 60–75 cm **E** 90 cm
Este resistente helecho alegra la vista con la aparición de sus nuevas frondas en primavera. Al principio se encuentran recubiertas por un vello dorado, que persiste en los márgenes de las frondas viejas como si fueran pestañas. Para obtener resultados óptimos, póngalo en el invernadero durante

***Rhododendron yakushimanum* «Heinje's Select»**

◁ LOS GRANDES FOLÍOLOS *de color azul verdoso de* Melianthus major *forman una silueta sorprendente.*

PLANTAS PERMANENTES PARA MACETAS

Buxus sempervirens 🏆 ●
Eucomis bicolor ○
Hakonechloa macra «Alboaurea» ○
Hosta sieboldiana var. *elegans* 🏆 ○
Mirabilis jalapa ○
Phormium «Sundowner» 🏆 ●
Phyllostachys nigra 🏆 ●
Pinus sylvestris «Beuvronensis» 🏆 ●
Pleioblastus auricomus 🏆 ●

el invierno. Las esporas se producen libremente y, a menudo, germinan en las macetas de otras plantas.

Prunus incisa «Kojo-no-mai»

Cerezo de flor; C: cirerer; E: gereziondoa; G: cerdeira

☼ ❄❄❄ ○ **A/E** 2,5 m

Se trata de un pequeño árbol con una belleza escultórica. Este diminuto cerezo ornamental destaca como especie de maceta y, como tal, es de crecimiento lento, por lo que puede permanecer en el mismo tiesto durante varios años. Disfrute de su trama de ramas en invierno, de la masa de delicadas flores de color rosa pálido en primavera, que se abren a partir de capullos rojos, y de su follaje, que se torna rojizo en otoño.

Rhododendron yakushimanum

◐ ❄❄❄ ● **A/E** 90–180 cm

Las hojas, de un color verde oliváceo, están recubiertas de una vellosidad argéntea cuando son jóvenes y de una tonalidad parda pálida en el envés. Riéguela y abónela regularmente en verano para asegurar la aparición de un buen conjunto de capullos que serán de color rosa en primavera y se abrirán dando paso a flores blancas. Plántela en un sustrato de brezo y utilice líquido fertilizante bien equilibrado para plantas de suelos ácidos.

Sciadopitys verticillata 🏆

☼ ◐ ❄❄❄ ●

A 10–20 m **E** 6–8 m

Estas plantas son impresionantes, en especial cuando son jóvenes, con sus verticilos de brillantes hojas lineales como los radios de un paraguas. El mío ha alcanzado una nítida forma cónica de 2,7 m de altura y 90 cm de anchura en 11 años y sigue creciendo en un amplio recipiente de estilo Versalles. Mantenga la humedad y proporcione un equilibrado fertilizante líquido cada noche desde la primavera hasta mediados del verano.

Vaccinium corymbosum 🏆

Arándano americano; C: mirtil, nabiu; E: abi, azari-mats; G: arandeira, herba dos arandos

☼ ◐ ❄❄❄ ○ **A/E** 1,5 m

Pocos jardineros tendrán un suelo suficientemente ácido para cultivar arándanos, pero todo el mundo puede plantarlos en un recipiente con sustrato ericáceo. Los tallos arbustivos y arqueados visten hojas ovaladas y pálidas flores acampanadas a finales de primavera, que se convierten en decorativas bayas comestibles. El follaje se torna rojizo en otoño. Para obtener los mejores frutos, escoja dos variedades diferentes como «Bluecrop» y «Herbert».

CONSEJOS DE CULTIVO PARA PLANTAS PERMANENTES

- **Si no se indica lo contrario, utilice una mezcla a partes iguales de sustrato para macetas del tipo John Innes n.º 2 y otro carente de tierra para las macetas.**
- **No plante los ejemplares pequeños directamente en los recipientes, ya que sus raíces se verán rodeadas de demasiado sustrato mojado y pueden pudrirse. Comience por tiestos pequeños y cambie el tamaño del recipiente de forma gradual cuando sea necesario. Realice esta operación en primavera.**
- **La aplicación en primavera de un fertilizante de liberación lenta asegurará un crecimiento sano. Algunos ejemplares se beneficiarán de una dosis de un fertilizante líquido bien equilibrado cada dos a cuatro semanas desde la primavera hasta mediados del verano.**
- **Si la parte superior de la tierra del recipiente se erosiona, tapícela con una capa de sustrato fresca.**

Plantas para estanques

Las plantas acuáticas no sólo añaden belleza a los estanques, sino que son esenciales para su salud. Las sumergidas oxigenan y revitalizan el agua, y las hojas flotantes de las amantes del sol, como los nenúfares, proporcionan sombra a una parte de la superficie, lo que ayuda a evitar un rápido crecimiento de las algas. Las raíces de las plantas acuáticas son también muy útiles, ya que eliminan parte de los minerales de los que también se alimentarían las algas.

▷ LOS NENÚFARES ENANOS *como* Nymphaea *«Pygmaea Helvola» son ideales en lugares con poco espacio o para formar una colección variada de plantas en un estanque de medianas dimensiones.*

Aponogeton distachyos

☼ ☀ ❄❄ ● **E** 1,2 m

Las grandes hojas ovaladas de este *Aponogeton* acuático son un cambio respecto a las plataformas redondeadas de los nenúfares. Las fragantes flores blancas con anteras de un marrón purpúreo, de aspecto que recuerda a las del espino y que se abren en primavera y otoño, se sitúan justo sobre la superficie sobre tallos ahorquillados. Divida los rizomas de las plantas maduras cuando invernen y póngalos en los cestos acuáticos. Las raíces deben situarse a una profundidad de 30-90 cm.

Aponogeton distachyos

Ceratophyllum demersum

☼ ☀ ● ❄❄❄ ○ **E** indefinida

Los finos tallos de este útil oxigenador están recubiertos por verticilos de delgadas hojas ahorquilladas, lo que da un aspecto plumoso al conjunto. Se producen escasas raíces, aunque los tallos a veces enraízan en el fango del fondo del estanque. El extremo de los tallos produce capullos que descansan sobre el fondo en invierno, pero vuelven a salir a la superficie en primavera. Se propaga sencillamente arrancando alguno de los tallos y dejándolo flotar en el agua. Crece en aguas de unos 60-90 cm de profundidad.

Eichhornia crassipes
Jacinto acuático

☼ ❄ ● **A/E** 45 cm

Es difícil pensar que esta exótica planta acuática se haya convertido en una mala hierba en los cursos de agua tropicales de todo el mundo. Los pecíolos inflados le permiten flotar, mientras que las raíces púrpura oscuras cuelgan dentro del agua hacia el fondo. En los veranos cálidos producen ramas portadoras de flores de un color azul pálido con manchas amarillas y púrpuras. Recójalas en invierno y póngalas en bandejas con sustrato carente de tierra humedecido a una temperatura media de 13 °C.

Hottonia palustris
Violeta acuática

☼ ❄❄❄ ○ **A** 30–90 cm **E** indefinida

Mientras el agua se calienta a mediados de la primavera, esta planta crece hasta llegar a la superficie del estanque. Los largos tallos presentan hojas profundamente divididas, tanto en la superficie como en las profundidades del agua. Los tallos florales portadores de flores de un rosa liláceo pálido nacen en primavera. Plántela en el fondo fangoso de lugares de aguas quietas, de unos 45 cm de profundidad y, si es posible, ligeramente ácidas. Propáguela mediante esquejes de tallos en primavera y verano.

Hydrocharis morsus-ranae

☼ ❄❄❄ ◌ **E** indefinida

Los tallos corredores producen nuevas plantas, de modo que esta especie se expande rápidamente y cubre una zona del agua con sus pequeñas hojas flotantes de forma arriñonada. En verano aparecen pequeñas flores blancas con centros amarillos y consistencia de papel. Las plantas por lo general flotan libremente, pero enraizarán en un fondo lodoso si es poco profundo, y se hundirán para pasar el invierno como rizomas. Para propagarla, corte las plantitas y aléjelas de los progenitores. Requiere una profundidad de agua de unos 30 cm.

Myriophyllum aquaticum

☼ ❄❄ ◌ **A** 30 cm sobre la superficie **E** indefinida

Sumergida o marginal, esta planta asoma sus tallos de follaje plumoso sobre la superficie del agua, y crecerá por encima de los márgenes del estanque. Las hojas sumergidas son más largas que las emergidas. Las flores estivales son tan diminutas que nadie las aprecia. Propáguela mediante esquejes y cultívela en cestos de tierra de marga dispuestos a una profundidad de 15-90 cm.

Nymphaea «Froebelii»
Nenúfar

☼ ❄❄❄ ◌ **E** 90 cm

Aunque resulta ideal para estanques pequeños, incluyendo los de barril, las flores de 10-13 cm de diámetro poseen sin duda un buen tamaño. Son de un profundo color rosa rojizo con estambres centrales de un rojo anaranjado. Sus hojas son de un atractivo color bronce cuando se desarrollan en primavera. Plántela a profundidades de 15-30 cm y propáguela por división de los rizomas en primavera. Separe o elimine las plantitas.

Nymphaea «Pygmaea Helvola» 🏆
Nenúfar enano

☼ ❄❄ ◌ **E** 25–40 cm

Para zonas restringidas o estanques moderados donde se desee cultivar más de

Eichhornia crassipes

Nymphaea «Froebelii»

EMPLEO DE CESTOS ACUÁTICOS

Los recipientes acuáticos suelen estar hechos de plástico y parecen cestos con anchos laterales de malla. Antes de establecer las plantas en un buen suelo de marga, fórrelos con arpillera. No utilice sustrato fertilizado, ya que enriquecerá el agua favoreciendo el crecimiento de algas. Acabe con una buena capa de guijarros para fijar la tierra de marga antes de introducir cuidadosamente el recipiente dentro del estanque. Se puede variar la altura de los recipientes para corregir la profundidad de las plantas mediante la adición o sustracción de bloques en la base. Los fertilizantes especializados para su empleo en estanques pueden comprarse en forma de tabletas o sobres para las plantas que, como los nenúfares, requieren un gran número de nutrientes.

un nenúfar, éste resulta ideal. Las hojas, profundamente moteadas de púrpura, son atractivas pero no demasiado impactantes. En verano se ven acompañadas de flores semidobles de color amarillo claro de entre 5 y 8 cm de diámetro. Propáguelas fuera del agua: divídalas y replántelas en cestos acuáticos.

Nymphoides peltata
Nenúfar flecado

☼ ❄❄❄ ◌ **E** indefinida

Adecuado para un estanque silvestre, las hojas parecen pequeñas plataformas que recuerdan a las de los nenúfares y crecen a partir de largos tallos corredores, que colonizan rápidamente la superficie. Las flores amarillas de 2 cm con pétalos flecados se disponen en la superficie del agua sujetas por robustos pedúnculos en verano. La profundidad del agua debe ser de 15-60 cm. Propáguelo por división en primavera o por tallos en verano.

Stratiotes aloides

☼ ❄❄❄ ◐ **A** 15 cm sobre la superficie **E** indefinida

Se trata de una curiosa planta acuática flotante, con una roseta de hojas puntiagudas que queda parcialmente dentro y parcialmente fuera del agua. Al bajar las temperaturas en otoño, las rosetas se hunden hacia las profundidades del estanque, y emergen de nuevo a la superficie en la siguiente primavera. Algunos veranos aparecen unas flores blancas. Las nuevas plantas se forman de los tallos y pueden separarse en primavera. La profundidad del agua ha de ser de 30-90 cm.

Plantas para márgenes y ciénagas

Las plantas que crecen en aguas superficiales en los márgenes de los estanques y los arroyos constituyen un grupo importante dentro de la flora acuática. Las plantas de ciénagas prefieren crecer en lugares húmedos, pero no les agrada estar inmersos en el agua por un período de tiempo largo. De hecho, por lo general no sobrevivirán en lugares anegados y requieren un buen drenaje.

Butomus umbellatus

Butomus umbellatus 🏆
Junco florido
☼ ❄❄❄ ◌ **A** 90–150 cm **E** 45 cm
El follaje alto y matoso aparece acompañado en verano de vistosas umbelas de 10 cm de diámetro de aromáticas flores rosas con el centro oscuro. La profundidad del agua puede variar entre 5 y 25 cm, y las plantas pueden florecer en el lodo de los márgenes de los estanques silvestres o crecer en cestos dispuestos a más profundidad dentro del agua. Divida los rizomas a principios de la primavera, justo antes de empezar el crecimiento.

Caltha palustris 🏆
Hierba centella, hierba del rosario; C: flor del mal d'ulls; G: herba centella
☼ ❄❄❄ ◌ **A/E** 45 cm
Una de las plantas de márgenes más fáciles de cultivar y que más satisfacciones da es la hierba centella, relativamente controlable y que, aunque se extiende formando buenas masas, no resulta invasiva. Las hojas con forma arriñonada y bordes dentados forman un telón de fondo de color verde oscuro para las céreas flores de un color amarillo brillante que nacen en primavera. Plántela en un suelo anegado o en aguas poco profundas de 15 cm de profundidad. Divídala a principios de la primavera o a finales del verano.

Iris pseudacorus «Variegata»
Lirio amarillo, espadaña fina; C: lliri groc, gínjol groc; E: lirio horia; G: lino
☼ ❄❄❄ ◌ **A** 90–150 cm **E** 90 cm
Las jóvenes hojas de este lirio tienen forma de espada y son mitad verde mitad amarillo crema, por lo que forman un atractivo contraste con otros follajes en primavera. Desde mediados a finales del verano se acompañan de flores amarillas. Se trata de un lirio extremadamente vigoroso, por lo que sólo es aconsejable para estanques de tamaño mediano o grande y requiere supervisión. Arránquelo, divídalo y replántelo inmediatamente tras la floración.

Menyanthes trifoliata
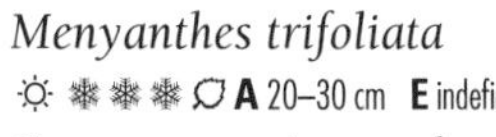
☼ ❄❄❄ ◌ **A** 20–30 cm **E** indefinida
Con extensos rizomas de color marrón rosáceo oscuro y hojas trifoliadas flotantes, ésta es una planta atractiva incluso antes de aparecer los tallos de pequeñas flores en verano. Éstas, que son blancas, se abren a partir de capullos rosados y presentan cinco pétalos flecados. La profundidad del agua debería ser de 15-23 cm. Corte los rizomas en secciones y plántelos en una tierra anegada.

Caltha palustris «Flore Pleno»

Myosotis scorpioides

CREAR UN JARDÍN CENAGOSO

- **A no ser que el suelo sea húmedo por naturaleza, para crear un jardín cenagoso debe disponerse una lona expansiva o flexible de estanque en un agujero plano de unos 60 cm de profundidad.**
- **Agujeree en varios lugares la lona con una horca para permitir el drenaje.**
- **Disponga sobre la lona una capa de unos 5 cm de gravilla del tamaño de un guisante para mantener un buen drenaje a través de los agujeros.**
- **La manera más eficiente de regar es bajo el nivel del suelo, por lo que conviene disponer una manguera perforada sobre la capa de gravilla con el extremo que queda en el interior del agujero sellado y el otro fuera del hoyo.**
- **Rellene el agujero con buena tierra enriquecida con materia orgánica, y písela para compactarla.**
- **Los jardines cenagosos pueden situarse junto a un estanque extendiendo la misma lona, pero esto puede resultar desaconsejable, ya que la tierra podría chupar agua del estanque haciendo bajar el nivel del agua.**
- **Para conservar la humedad, aplique un mantillo de sustrato bien elaborado, de corteza o de hongos (pero no en aquellos lugares donde tengan que plantarse especies amantes de suelos ácidos) o una capa de guijarros de unos 5 cm mientras el suelo esté mojado.**
- **Para regar un jardín cenagoso ya creado, utilice una manguera en la superficie.**

◁ *IRIS PSEUDACORUS* **«VARIEGATA»** *se establece fácil y rápidamente en un estanque. El follaje proporciona un colorido luminoso y formas verticales de un gran impacto.*

Myosotis scorpioides
Nomeolvides acuático

☼ ☀ ❄❄❄ ◌

A 15–30 cm **E** 30 cm

Una especie realmente adecuada para los márgenes de los estanques, con tallos ramosos rizomatosos que crecen al principio hacia los lados y más tarde hacia arriba. Las típicas flores azules con el centro pálido de los nomeolvides aparecen en verano. Cultívelo en un suelo mojado o en un cesto acuático situado en aguas poco profundas, con la superficie situada a una profundidad de 10 cm. Propáguelo mediante la siembra en un sustrato mojado o plantando secciones del rizoma que presenten raíces.

Osmunda regalis 🏆
Helecho real, lentejil; C: falguera reial; E: san Joan iratzea; G: dentrabú

☀ ❄❄❄ ◌ **A** 1,2–1,8 m **E** 1,2–3,7 m

Las majestuosas frondas son de un fresco color verde, y se despliegan a partir de rizomas en primavera. Las esporas se producen en las frondas fértiles, que llevan masas de esporangios marrones en sus extremos. En otoño su colorido se torna anaranjado y rojizo. Plántelo en suelos húmedos, preferiblemente ácidos y enriquecidos con materia orgánica.

Primula pulverulenta 🏆
Primavera, vellorita, prímula

☀ ❄❄❄ ◌ **A** 60–90 cm **E** 30 cm

Esta prímula estriada pasa el invierno en forma de pequeña roseta que crece formando tallos florales cubiertos por una capa farinácea blanca a finales de la primavera. Las flores de un profundo color rosa fuerte, con centros más oscuros, se disponen en diferentes verticilos a lo largo del tallo. Plántela en suelos neutros o ácidos y húmedos, enriquecidos con materia orgánica. Plántela a partir de semillas tan pronto como éstas maduren o divida la planta en estado latente.

Schoenoplectus lacustris subsp. *tabernaemontani* «Zebrinus»
Junco estriado

☼ ❄❄❄ ● **A** 90 cm **E** 60 cm

Los tallos verde grisáceos completamente carentes de hojas están recorridos por franjas de un blanco crema, como si les diera una luz estroboscópica. A veces los tallos se vuelven verdes y en este caso deben cortarse antes de que acaben dominando. Este versátil junco puede plantarse en un margen cenagoso de un estanque o sumergido en el agua a una profundidad de 30 cm. Se propaga por secciones de la raíz o del rizoma en primavera o verano.

Scrophularia auriculata «Variegata»
Escrofularia

☀ ❄❄❄ ◌ **A/E** 90 cm

En primavera el suelo se recubre de un atractivo follaje, con hojas de bordes irregulares y manchas de color crema. Una vez se ha disfrutado de este despliegue, las rosetas de hojas se alargan en altos tallos que presentan típicas flores de color pardo verdoso durante el verano. Para obtener un resultado óptimo, plántela en suelo húmedo y cenagoso. Divida las matas o los esquejes radicales en primavera.

Trollius x *cultorum* «Lemon Queen»
Calderones, flor de san Pallarí; C: rovell d'ou, flor de sant Pallarí

☼ ☀ ❄❄❄ ◌ **A** 60 cm **E** 45 cm

Siempre me han gustado estas plantas y en especial estos híbridos, con sus flores en forma de cuenco. En este caso son amarillo limón pálido resplandeciente, pero pueden ser de otras tonalidades de amarillo, naranjas o doradas. Aparecen desde la primavera hasta mediados del verano. Plántela en un suelo húmedo, enriquecido con materia orgánica. Desentiérrela, divídala y replántela cuando inicie el crecimiento o tras la floración.

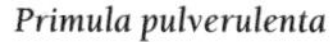

Primula pulverulenta

Osmunda regalis

Plantas para lugares húmedos y umbríos

No considere las partes húmedas y umbrías del jardín como un problema, ya que proporcionan la oportunidad de cultivar un amplio abanico de especies que nunca crecerían en suelos resecos y a pleno sol. La sombra puede convertirse en una baza positiva y, de hecho, en los jardines demasiados soleados a menudo ha de crearse especialmente para proteger a las personas y las plantas.

Aruncus dioicus ♀
Barba de cabra
☼ ☀ ❄❄❄ ◌ **A** 1,2–1,8 m **E** 1,2 m
Para que la barba de cabra alcance su pleno potencial, requiere humedad en sus raíces. Esto le permitirá tolerar una exposición a pleno sol o a la sombra. Las diminutas flores de color crema se agrupan en panículas plumosas a principios y mediados del verano. El follaje, parecido al de los helechos, es susceptible al ataque de babosas y caracoles. Se trata de una buena vivaz para una zona relajada y de aspecto silvestre. Divídala en otoño o a principios de primavera.

ESPECIES AMANTES DE LA SOMBRA

ÁRBOLES Y ARBUSTOS

Hydrangea macrophylla cvs ◌
Leycesteria formosa ◌
Prunus padus ◌

PLANTAS PARA CULTIVAR A LA SOMBRA DE OTRAS

Asplenium scolopendrium ♀ ●
Astilbe «Straussenfeder» ♀ ◌
Athyrium filix-femina ♀ ◌
Blechnum spicant ♀ ●
Cimicifuga racemosa ♀ ◌
Dryopteris filix-mas ♀ ◌
Filipendula rubra «Venusta» ♀ ◌
Hosta «Wide Brim» ♀ ◌
Impatiens walleriana cvs
Polygonatum odoratum ◌
Uvularia grandiflora ♀ ◌

Blechnum penna-marina
☼ ☀ ❄❄❄ ● **A** 15–20 cm **E** indefinida
Este helecho resulta muy útil para plantarlo entre ejemplares más altos en un rincón oscuro y húmedo del jardín, donde el suelo ha sido enriquecido con hojas muertas. Los rizomas se expandirán y formarán una alfombra, produciendo frondas divididas que empiezan con tonalidades broncíneas y acaban de un profundo color verde. También es adecuado para recipientes sombríos de invierno. Divídalo en cualquier momento.

Camellia x *williamsii* «Donation» ♀
Camelia; C: cameliera; E: kamelia; G: cameleira
☼ ❄❄❄ ● **A** 2,2–4,5 m **E** 1,5–2,5 m
Una de las características de esta popular camelia es que, una vez las grandes flores semidobles y de color rosa han acabado la floración, caen muy pronto, lo que deja una masa de pétalos rosas bajo la planta. Plántela en un suelo húmedo, ligeramente ácido y bien acondicionado. Asegúrese de que permanece húmedo en verano, cuando se forman los capullos florales. Los esquejes, que se toman en verano, pueden producir raíces.

Camellia x *williamsii* «Donation»

Darmera peltata ♀
☼ ☼ ❄❄❄ ◌ **A** 90–180 cm **E** 90 cm
Se trata de una especie vivaz que se desarrolla a lo largo de los márgenes de los arroyos y en los suelos húmedos de los jardines cenagosos. Las hojas en forma de parasol y color verde crecen muy altas y exuberantes, y se tornan rojizas en otoño. A finales de la primavera aparecen las pequeñas flores rosadas que se agrupan en cabezuelas al final de unos tallos robustos. Divídala en otoño o a principios de la primavera.

Epipactis gigantea
Heleborina gigante
☼ ☀ ❄❄❄ ◌ **A** 30–40 cm **E** 60–150 cm
En mi opinión, esta nativa norteamericana es una de las orquídeas más resistentes y fáciles de cultivar. Plántela en un lugar fresco y umbrío, donde el suelo pueda enriquecerse con un mantillo de hojas y permanezca húmedo pero no anegado. Al propagarse mediante rizomas, en poco tiempo se forma una extensa colonia. Las flores de un amarillo verdoso con manchas marrones aparecen a finales de la primavera y principios del verano. Divídala a principios de la primavera.

Hydrangea quercifolia ♀
Hortensia; C: hortènsia
☼ ☼ ❄❄❄ ◌ **A** 1,8 m **E** 2,5 m
Como indica su nombre científico, este arbusto presenta grandes hojas que

△ **EN UN SUELO HÚMEDO,** *bajo los árboles,* Primula candelabra, Hosta *y* Ligularia *crecen en el margen del arroyo.*

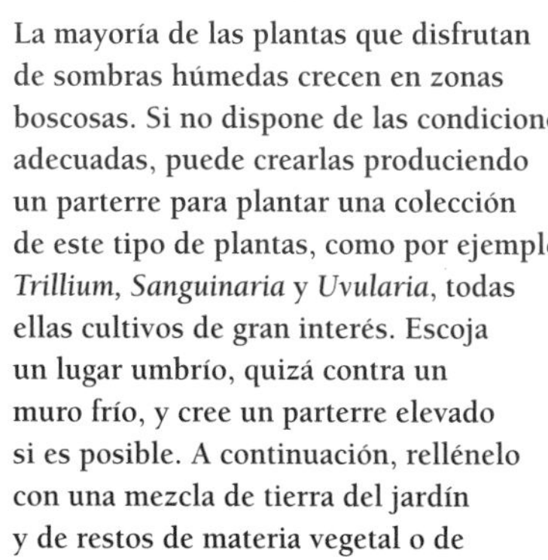

Crear una sombra húmeda

La mayoría de las plantas que disfrutan de sombras húmedas crecen en zonas boscosas. Si no dispone de las condiciones adecuadas, puede crearlas produciendo un parterre para plantar una colección de este tipo de plantas, como por ejemplo *Trillium*, *Sanguinaria* y *Uvularia*, todas ellas cultivos de gran interés. Escoja un lugar umbrío, quizá contra un muro frío, y cree un parterre elevado si es posible. A continuación, rellénelo con una mezcla de tierra del jardín y de restos de materia vegetal o de sustrato.

presentan la misma forma que las del roble. Las panículas cónicas formadas por flores blancas se abren desde mediados del verano hasta el otoño y adquieren tonalidades rosadas con el tiempo. En este momento forman un buen contraste con las hojas, que a su vez se tornan de un color bronce purpúreo antes de caer. Plántela en un suelo húmedo y enriquecido con materia orgánica. Por lo general, no requiere poda.

Kirengeshoma palmata 🏆

☀ ❄❄❄ ◯ **A** 60–120 cm **E** 75 cm

Los tallos, que llevan hojas ligeramente lobadas y de un luminoso color verde, acaban en delicadas inflorescencias formadas por flores acampanadas colgantes de color amarillo pálido. Plántela en un suelo húmedo y ligeramente alcalino, enriquecido con mantillo de hojas, y se expandirá mediante rizomas. Esta vivaz de origen japonés resulta magnífica en un jardín umbrío y boscoso. Divídala en otoño o en primavera, cuando inicie el crecimiento.

Matteuccia struthiopteris 🏆

☀ ❄❄❄ ◯ **A** 1,2 m **E** 90 cm

La primavera es la mejor época para apreciar su belleza, cuando sus frondas erectas en forma de pluma surgen de cada corona, y maduran en filas opuestas de estrechas pínnulas (folíolos). A finales del verano y en otoño aparecen las frondas portadoras de esporas, que son más cortas y tienen los extremos enrollados sobre sí mismos. Los rizomas rastreros producen helechos separados a una cierta distancia del progenitor. Propáguela tomando las frondas que hayan surgido del rizoma o mediante la siembra de esporas cuando éstas maduren.

Smilacina racemosa 🏆

☀ ☀ ❄❄❄ ◯ **A** 75–90 cm **E** 60 cm

Al final de los tallos portadores de un atractivo follaje se producen, desde mediados a finales de la primavera, grupos de pequeñas flores de un blanco crema. Utilícela para formar llamativas masas en un suelo húmedo y rico, alrededor de otros arbustos así como de bulbos de primavera. También combinan maravillosamente con helechos, hermosas y astilbes. Divida esta vivaz rizomatosa en otoño o a principios de la primavera.

Trillium cuneatum

☀ ☀ ❄❄❄ ◯ **A** 30–60 cm **E** 30 cm

Desde que vi por primera vez la gran mata de esta sensacional vivaz norteamericana, he deseado tenerla en mi jardín. Requiere paciencia, ya que el crecimiento a partir de los pequeños rizomas es lento. Cada tallo rojizo lleva un collar de tres grandes hojas moteadas y, en primavera, en el centro del mismo, aparece una flor marrón, formada por pétalos erectos. Plántela en un suelo húmedo enriquecido con materia orgánica y propáguela mediante división de las matas tras la floración.

Hydrangea quercifolia

Smilacina racemosa

CLAVE: 🏆 *galardonadas* ☼ *sol* ☀ *semisombra* ☀ *sombra* ❄ *semirresistentes* ❄❄ *resistentes a heladas* ❄❄❄ *totalmente resistentes* ◯ *caduca* ● *perenne* ◐ *semiperenne* **A** *altura* **E** *envergadura*

Plantas para lugares secos y umbríos

Symphoricarpos x *doorenbosii* «Mother of Pearl»

La mayoría de los jardines disponen de un rincón de sombra seca, ya sea bajo un árbol o a lo largo de un margen. Generalmente, estas zonas empobrecidas no son muy fértiles debido a que todos los nutrientes y la humedad son absorbidos por las raíces de los árboles. Las plantas que pueden tolerar una sombra seca son muy valiosas, pero debería enriquecer el suelo con materia orgánica y mantillo tras la plantación.

Aucuba japonica «Rozannie»
Aucuba, cubana; C: aucuba

☼ ◐ ● ❄❄❄ ♦ **A/E** 90 cm

Esta aucuba presenta brillantes hojas verdes ligeramente dentadas. Es una planta bisexual y en primavera aparecen pequeñas flores marrones a las que sigue una importante cosecha de frutos rojos. Puede requerir una polinización manual. Plante esquejes semimaduros en verano.

Cyclamen hederifolium ♈
Ciclamen; C: ciclàmen

◐ ❄❄❄ ◇ **A** 10–13 cm **E** 15 cm

Las flores, con aspecto de joyas de color rosa y con la base más oscura, aparecen en grupos y salen a partir de capullos puntiagudos a finales de verano y otoño, antes que las hojas, de una hermosa forma. Los tallos florales se enroscan en espiral y llevan a las cabezuelas de semillas hasta el nivel del suelo. Deje el suelo de alrededor inalterado y estas plantas se reproducirán por sí mismas. Plántela bajo árboles, en un suelo enriquecido con materia orgánica, que se seque en verano. Escoja plantas jóvenes de maceta mejor que tubérculos secos.

Epimedium x *versicolor* «Sulphureum» ♈
Epimedio

◐ ❄❄❄ ♦ **A** 30 cm **E** 90 cm

Cultivados principalmente por su follaje de hojas con forma acorazonada y puntiaguda, los epimedios están emparentados con *Berberis*, ya que pertenecen a la misma familia. Todos ellos, con su sistema radical impenetrable, son estupendos cobertores del suelo. Éste presenta unas hojas primaverales con tintes cobrizos y flores amarillas en primavera. Elimine las hojas viejas a finales del invierno, antes de que aparezcan los nuevos brotes. Divídalo en otoño.

Epimedium x *versicolor* «Sulphureum»

Polystichum setiferum

Euphorbia amygdaloides var. *robbiae* ♈
Lechetrezna de bosque; C: lleteresa de bosc; E: aunt-kurrumiga

☼ ◐ ● ❄❄❄ ♦

A 30–60 cm **E** 30 cm

Esta lechetrezna vivaz produce densas colonias cobertoras del suelo, capaces de crecer sobre suelos pobres y secos. Las plantas se iluminan desde la primavera al verano con estructuras florales de un tono amarillo verdoso que asoman como ojos por encima del brillante follaje. Su savia es irritante. Se expande mediante rizomas que pueden separarse en porciones para producir nuevas plantas.

Geranium phaeum

☼ ◐ ● ❄❄❄ ◇ **A** 75 cm **E** 45 cm

Se trata de un geranio alto, cultivado por sus pequeñas pero inusuales flores de color marrón oscuro, que se complementan con las hojas, también marrones y lobadas. Las flores pueden tener una tonalidad azul violeta, malva pálido o blanco, y nacen a finales de la primavera y principios del verano. Adecuado para plantarse bajo arbustos y árboles, proporciona un elemento fresco para las zonas secas. Divídalo en otoño.

Liriope muscari ♈
Liriope

◐ ● ❄❄❄ ♦ **A** 30 cm **E** 45 cm

Esta vivaz tuberosa, formadora de matas, produce penachos de largas hojas que en otoño aparecen acompañadas de espigas de flores púrpuras acampanadas. El crecimiento del liriope es más efectivo en grupo y se asocia bien con el croco de otoño y con el cólquico. Elimine periódicamente las hojas secas. Para obtener un efecto más ligero, plante *L. m.* «Gold Banded», cuyas hojas son primero doradas y más tarde con

Δ LA LECHETREZNA DE BOSQUE (Euphorbia amygdaloides) *florece y se expande en sombras secas bajo los árboles en los lugares boscosos. Las estructuras florales de un color amarillo verdoso ácido combinan muy bien con las escilas azules.*

márgenes de color crema. Desentiérrela, divídala y replántela en primavera.

Luzula nivea

Luzula

☼ ☀ ❄❄❄ ● **A** 30–60 cm **E** 45 cm

He escogido esta vivaz para plantarla bajo el árbol de Judea de mi jardín. Fácil de cultivar a partir de la siembra de semillas en otoño o primavera, cada uno de los ejemplares produce una mata de hojas con los márgenes cubiertos de pelos blancos. En verano, sobre los tallos aparecen grupos de flores de un blanco inmaculado. Las matas pueden dividirse en primavera.

DIVIDIR UN HELECHO

Para dividir este *Polystichum setiferum*, hay que desenterrarlo por completo y clavar dos horcas entre dos matas de crecimiento, para separarlas. Finalmente, divida las raíces con la mano.

Osmanthus heterophyllus «Purpureus»

☼ ☀ ❄❄❄ ● **A/E** 1,8–2,5 m

Estos alegres arbustos perennifolios de crecimiento lento son muy útiles para jardines pequeños. Aunque toleran una sombra seca, tenga en cuenta de que en un suelo pobre se desarrollarán de una forma más lenta. En cualquier caso, esta variedad de hojas purpúreas resulta atractiva cuando, en primavera, los nuevos vástagos adquieren un brillante color púrpura oscuro, que más tarde se torna verde. Propáguelo por esquejes en verano.

Polystichum setiferum 🏆

Píjaro; C: polístic setífer; E: garra

☀ ● ❄❄❄ ● **A/E** 90 cm

Aunque los píjaros se asocian a lugares sombríos y húmedos, esta especie puede vivir en condiciones secas. Sus frondas jóvenes recuerdan a los tentáculos de un pulpo y maduran produciendo suaves frondas de color verde brillante, profundamente divididas. Las más viejas cuentan con plántulas que pueden separarse y ponerse en pequeñas macetas con sustrato. También puede plantarse una fronda entera con pequeñas plántulas en la superficie de un sustrato húmedo. Divida las matas con varias ramas en primavera.

COBERTORAS DEL SUELO PARA SOMBRAS SECAS

Bergenia «Bressingham Ruby» ●
Danae racemosa 🏆 ●
Daphne laureola ●
Euonymus fortunei «Emerald 'n' Gold» 🏆 ●
Geranium macrorrhizum «Album» 🏆 ◐
Lunaria annua ●
Lamium maculatum «Pink Pewter» ●
Mahonia aquifolium «Apollo» 🏆 ●
Meconopsis cambrica ○
Omphalodes cappadocica 🏆 ●
Pachysandra terminalis 🏆 ●
Phlomis russeliana 🏆 ●
Skimmia japonica subsp. *reevesiana* ●
Vancouveria hexandra ○
Viburnum davidii 🏆 ●

Symphoricarpos × *doorenbosii* «Mother of Pearl»

☼ ☀ ❄❄❄ ○ **A/E** 1,8 m

Debido a su indestructible naturaleza, esta especie ha sido a menudo despreciada como adecuada para el jardín, a pesar de que constituye un buen relleno para rincones sombríos. Las matas de tallos arqueados con nítidas hojas redondeadas producen pequeñas flores acampanadas de color blanco verdoso en verano, que se convierten en una gran cosecha de frutos blancos. Debido a su modo de absorber el agua del suelo, su propagación resulta fácil. Elimine las plantas no deseadas para controlar la expansión.

Plantas para lugares secos y soleados

Rosmarinus officinalis «Majorca Pink»

Hay una gran variedad de plantas que disfrutan de condiciones soleadas y que son, por naturaleza, tolerantes a la sequía. Muchas de ellas tienen follaje velloso o plateado y sus hojas tienden a ser pequeñas y estrechas, para evitar la pérdida excesiva de humedad. En general, a estas plantas les disgusta tener el suelo encharcado en invierno y un buen drenaje resulta esencial para su supervivencia.

Aster turbinellus 🏆
Áster; C: àster
☼ ❄❄❄ ○ **A** 1,2 m **E** 60 cm
Los delgados tallos, que llevan pequeñas hojas estrechas, necesitarán soporte, pero se contentan con apoyarse en arbustos cercanos. Desde principios a finales del otoño se abren las masas de flores que parecen pequeñas margaritas de color violeta pálido con centros amarillos. Esta vivaz procedente de Norteamérica tolera los suelos pobres y revive año tras año. Arránquela, divídala y replántela en primavera u otoño.

Catananche caerulea «Bicolor»
Hierba cupido; C: cerverina
☼ ❄❄❄ ○ **A** 60–75 cm **E** 30 cm
Fácil de cultivar a partir de siembra en primavera, la hierba cupido producirá flores el primer verano y puede plantarse en grupos en un arriate. Esta vivaz de vida corta no ocupa mucho espacio, produce matas de largas hojas estrechas de color verde grisáceo y, desde mediados del verano hasta el otoño, cabezuelas florales con textura de papel, cada una de ellas situada al final de un tallo delgado. Las flores suelen ser azules, pero en esta variedad son blancas con el centro púrpura.

Aster turbinellus

Cercis siliquastrum 🏆
Árbol del amor, árbol de Judea; C: arbre de l'amor, arbre de Judes
☼ ☀ ❄❄❄ ○ **A/E** 2,5–10 m
Sol y buen drenaje son los requisitos de este árbol mediterráneo, que puede crecer con un solo tronco principal o de forma arbustiva con varios troncos iguales. Las flores rosas son como las del guisante y las hojas, de forma arriñonada, poseen un color verde azulado glauco. Plántelo en el exterior cuando todavía sea joven, evite alteraciones y escoja un lugar abrigado porque los capullos florales (que salen tanto de ramas jóvenes como de las viejas) y las hojas jóvenes son vulnerables a las heladas tardías de primavera. Propáguelo en otoño mediante siembra.

Geranium palmatum 🏆
☼ ☀ ❄❄ ● **A** 60–90 cm **E** 90 cm
Este majestuoso geranio ha demostrado ser bastante resistente. Aunque vivaz, debe tratarse como una bienal y puede sembrarse. Produce semillas que germinan por sí solas dando lugar a rosetas de largas hojas lobuladas que proporcionan un valioso follaje invernal. Al verano siguiente aparecen tallos florales ramosos, provistos de flores de color rosa púrpura con los centros más oscuros.

Linaria triornithophora
Linaria
☼ ❄❄ ◐ **A** 90 cm **E** 60 cm
Es una vivaz que florece durante todo el verano y se extiende a su alrededor, ondeando sus finos tallos entre las otras plantas. Debería ser más conocida, pero esta especie es relativamente poco común. Las flores recuerdan a pequeñas bocas de dragón de pálido color rosado o purpúreo y cada una de ellas posee un largo espolón, la garganta estriada y una tonalidad amarilla en el labio inferior. Son fáciles de propagar por semillas o por división.

PLANTAS PARA UN JARDÍN DE GUIJARROS

Allium sphaerocephalon ○
Helichrysum italicum ●
Iris chrysographes ○
Penstemon «Pink Dragon» ●
Phygelius x *rectus* «Moonraker» ●
Pinus sylvestris «Beuvronensis» 🏆 ●
Rosmarinus officinalis «Majorca Pink» ●
Sedum «Herbstfreude» 🏆 ○
Teucrium fruticans «Azureum» 🏆 ●

Lotus hirsutus
Bocha peluda
☼ ❄❄❄ ● **A/E** 75 cm
Si se le da buen drenaje, esta pequeña mata mediterránea resulta fácil de cultivar y se reproducirá por sí misma mediante semillas en un suelo no alterado. Los tallos aparecen cubiertos de pequeñas hojas vellosas pinnadas, y las flores bilabiadas blancas con tintes rosados nacen en verano, seguidas de vainas purpúreas. Los tallos pueden morir en invierno, por lo que resulta muy recomendable podarla para acicalarla a principios de la primavera. Tome los esquejes en verano.

△ **COMBATA LA SEQUÍA** *con un lecho de guijarros. Aquí se ha conservado la humedad y se han eliminado las malas hierbas para que el ciprés, la yuca, la jarilla y la gazania puedan desarrollarse en el suelo bien drenado.*

Poda del orégano

La especie *Origanum laevigatum* «Herrenhausen» no solamente florece durante un largo período y atrae a las mariposas y las abejas, sino que, al podarlo tras la floración, produce una mata de follaje perennifolio para el invierno.

Olearia «Waikariensis»

Olearia

☼ ❄❄❄ perenne **A/E** 1,8 m

Con antepasados originarios de Nueva Zelanda, este arbusto es similar al más común *O.* x *haastii*, pero presenta hojas más largas, de color verde oliváceo en el haz y blanco argénteo en el envés. Los tallos también son pálidos y las flores compuestas se producen desde principios a mediados del verano, para convertirse más tarde en cabezuelas de simientes en forma de parasoles peludos. Plántelo en un suelo bien drenado. Obtenga los esquejes semimaduros a finales del verano.

Origanum laevigatum «Herrenhausen» 🏆

Orégano; C: orenga; E: aitz-bedarr; G: ourego

☼ ❄❄❄ perenne **A** 60 cm **E** 45 cm

Las nítidas hojas aromáticas, el rico despliegue de pequeñas flores de color rosa púrpura dispuestas en densas inflorescencias y una roseta de follaje perennifolio son sus atributos principales. Esta amante del sol atrae también a multitud de mariposas y de abejas. Proporciónele soporte si los tallos son demasiado extensos y pódela hasta la roseta basal tras la floración. Plántela en un suelo bien drenado y propáguela por división.

Salvia sclarea var. *turkestanica*

Salvia

☼ ❄❄❄ perenne **A** 75–120 cm **E** 60–90 cm

Esta bienal o vivaz de vida corta tiene un fuerte aroma que, aunque agradable al principio, adquiere un carácter demasiado dulzón. Durante el primer año se produce un crecimiento basal con grandes hojas que persiste durante todo el invierno. En verano aparecen las espigas de flores blancas o púrpuras con brácteas con consistencia de papel. Crece a partir de semillas en primavera, y posteriormente las plantas se reproducen por semillas de forma natural.

Salvia sclarea* var. *turkestanica

Verbena bonariensis

Verbena

☼ ❄❄ caduca **A** 1,5–1,8 m **E** 60 cm

De los largos tallos crecen estrechas hojas verde oscuras de márgenes aserrados, lo que hace que esta vivaz sea útil para colocarla entre otras plantas. Los capullos, de color oscuro, se agrupan en cabezuelas y persisten al final de las ramas; cuando se abren revelan pequeñas flores púrpuras desde el verano hasta el otoño. Plántela en un suelo bien drenado y siémbrela en primavera.

Verbena bonariensis

Plantas para lugares expuestos y con fuertes vientos

El secreto para cultivar plantas en zonas expuestas consiste en crear un cortavientos para proteger a las especies vulnerables de los vientos fríos y secos. Una vez se ha establecido esta barrera, en su lado resguardado podrán crecer todo tipo de plantas sin problemas. Una combinación de árboles y arbustos resistentes filtrarán el viento de una forma mucho más efectiva que una barrera sólida, que creará corrientes y remolinos.

Chamaecyparis nootkatensis «Pendula» 🏆
Falso ciprés; C: fals xiprer
☼ ❄❄❄ ● **A** 15 m **E** 6 m
Utilice coníferas altas y resistentes para crear un cortavientos informal situado a cierta distancia de la vivienda. El falso ciprés posee una corteza interesante que se desprende en placas. Las ramas de esta variedad colgante se inclinan formando un elegante diseño horizontal, y soportan ramilletes de aromáticas hojas afiladas y escuamiformes junto con conos verdosos.

Crataegus monogyna «Stricta»
Majuelo, espino albar; C: arç blanc; E: abilluri; G: escaramiñeiro
☼ ☀ ❄❄❄ ○ **A** 6–9 m **E** 3–3,7 m
Todos los espinos pueden tolerar la exposición a un viento frío, pero esta forma estrecha y columnar con ramas erectas es seguramente la más resistente de todas, y quedará bien en un jardín rural silvestre. A finales de la primavera presenta masas de aromáticas flores blancas, que se convierten en frutos rojos muy apreciados por los pájaros. La propagación por injerto se realiza generalmente en el vivero.

Laburnum x *watereri* «Vossii» 🏆
Codeso
☼ ❄❄❄ ○ **A/E** 7,5 m
El principal inconveniente de plantar estos pequeños y útiles árboles es que todas las partes de la planta son tremendamente venenosas si se ingieren, por lo que los padres de niños de corta edad deberán evitarlos o bien ocuparse de retirar los frutos cuando caigan. Esta especie cultivada produce una cosecha reducida y cuenta con largos racimos de flores bilabiadas amarillas de hasta 60 cm desde finales de la primavera.

Philadelphus «Beauclerk»

PLANTAS RESISTENTES PARA LUGARES EXPUESTOS

Cotinus coggygria 🏆 ○ (árbol de las pelucas)
Cornus alba «Spaethii» 🏆 ○ (cornejo)
Fagus sylvatica 🏆 ○ (haya)
Mahonia aquifolium ●
Quercus robur 🏆 ○ (roble)
Salix caprea ○ (sauce)
Sorbus aucuparia ○ (serbal)
Taxus baccata 🏆 ● (tejo)

Philadelphus «Beauclerk» 🏆
Celinda; C: xeringuilla; G: filadelfa
☼ ☀ ❄❄❄ ○ **A/E** 2,5 m
Al ser una de las celindas más altas, será un buen complemento floral para un cortavientos informal. Esta especie se cultiva por la profusión de aromáticas flores blancas de 5 cm de anchura, que nacen a finales de la primavera y principios del verano. Pódelo eliminando los tallos más viejos inmediatamente después de la floración y propáguelo mediante esquejes de verano o esquejes leñosos en invierno.

Populus x *candicans* «Aurora»
Chopo
☼ ❄❄❄ ○ **A** 15 m **E** 6 m
La talla máxima de este árbol puede parecer demasiado grande, pero los ejemplares jóvenes pueden recortarse cada año a finales del invierno, de modo que la planta crezca de forma arbustiva con varios vástagos principales y alcance alturas de 2,5-3 m. En este caso, las hojas, acorazonadas y moteadas de blanco, crema y rosado, aún se desarrollan hasta alcanzar un tamaño mayor. Mantenga los chopos lejos de las viviendas, ya que sus raíces pueden resultar invasivas.

Prunus spinosa
Endrino; C: aranyoner; E: aran, sasiokaran; G: ameixeiro
☼ ❄❄❄ ○ **A** 5 m **E** 3,5 m
Éste es un bonito árbol o gran arbusto que, a menudo, crece a partir de semillas en los

◁ *SALIX EXIGUA forma un matorral de tallos oscuros, vestidos con un follaje plateado muy contrastado. Este resistente sauce se desarrolla mejor sobre suelos húmedos y arenosos.*

Spiraea x *vanhouttei*

Viburnum opulus «Xanthocarpum»

jardines y florece tempranamente en primavera. Las diminutas flores blancas brillan contra la madera oscura y se convierten en pequeños frutos negros redondeados llamados endrinos, que son amargos, pero buenos para hacer ginebra. Pódelo dejando el árbol estrecho o arbustivo durante el invierno.

Salix exigua

Sauce

☼ ❄❄❄ ◌ **A** 3,7 m **E** 5 m

Esta especie es uno de los sauces más bellos, y muestra lo mejor de sí mismo cuando el viento penetra por sus oscuros tallos y silba al pasar a través de las largas y estrechas hojas plateadas. Los amentos amarillos aparecen en primavera al mismo tiempo que las jóvenes hojas argénteas. Crece en suelos arenosos y húmedos, aunque puede tolerar una cierta sequía. Propáguelo a partir de esquejes leñosos en invierno.

Sorbus aria «Lutescens» 🏆

Mostajo, serbal morisco; C: moixera; E: hostazuria

☼ ◐ ❄❄❄ ◌ **A** 10 m **E** 8 m

Escoja el mostajo para añadir un precioso árbol pequeño al límite de un cortavientos. Las grandes hojas de márgenes dentados tienen una tonalidad argéntea tanto en el haz como en el envés, aunque sus superficies se tornan de un color verde grisáceo con la edad. Esto proporciona al árbol un efecto resplandeciente, que aumenta en primavera con las masas de flores blancas, transformadas en bayas de color rojo oscuro. Crece bien tanto en suelos calcáreos como ácidos.

Spiraea x *vanhouttei* 🏆

☼ ❄❄❄ ◌ **A** 2 m **E** 1,5 m

En la mayoría de los casos, *Spiraea* es una buena solución para rellenar huecos en un cortavientos. Constituye una visión soberbia a principios del verano, cuando los tallos arqueados se visten con grupos de pequeñas flores blancas, de manera que el arbusto en su conjunto parece una cascada de agua blanca. Pode las plantas establecidas tras la floración, cortando los tallos más viejos, y propáguela en verano mediante esquejes.

Viburnum opulus «Xanthocarpum» 🏆

Mundillos, bola de nieve; C: aliguer; E: gaukarra

☼ ◐ ❄❄❄ ◌ **A** 3–3,7 m **E** 2,5–3 m

La bola de nieve con frutos amarillos constituye un atractivo complemento para un cortavientos de aspecto natural. Las hojas, que son como las del arce, aparecen acompañadas a finales de la primavera e inicios del verano por cabezuelas formadas por pequeñas flores fértiles en la parte central y estériles a su alrededor. Éstas se transforman en vistosos ramos de frutos amarillos, tras lo cual las hojas se vuelven rojas y caen. Tolera los suelos calcáreos. Propáguela mediante esquejes semimaduros obtenidos en verano.

Meconopsis grandis

Plantas para suelos ácidos

Los jardineros que se encuentran al cuidado de un jardín con un suelo ácido y libre de limo podrán cultivar especies imposibles de ver en aquellos que cuentan con suelos alcalinos o incluso neutros. La mayoría de las plantas acidófilas aprecian la frescura y la humedad, así como una suave sombra y un suelo enriquecido con materia orgánica. Las plantas acidófilas más conocidas son los brezos y los rododendros, pero aquí se ha optado por dar a conocer otras especies más inusuales.

Andromeda polifolia
Andrómeda
☼ ☀ ❄❄❄ ● **A** 40 cm **E** 60 cm
Es un arbusto de crecimiento lento propio de turberas. Donde mejor crece es en la parte frontal de un bancal elevado o en un jardín rocoso donde evitará las salpicaduras del suelo y el ser abrumado por otras plantas. Sus hojas con aspecto de aguja recuerdan a las del romero y las flores acampanadas de color rosa aparecen desde la primavera hasta principios del verano. Disponga un acolchado para mantener la humedad y propáguela mediante esquejes de verano o mediante estolones.

Cassiope lycopodioides 🏆
☼ ☀ ❄❄❄ ● **A** 8 cm **E** 25 cm
Planta similar a la andrómeda, se desarrolla también en matas y posee un buen aspecto situada en un parterre o en una zona elevada. Las hojas escamosas se disponen enganchadas alrededor de los tallos, lo que les da una apariencia de musgo, que se embellece a finales de la primavera con blancas flores acampanadas. Plántela en una situación resguardada de las heladas tardías y propáguela mediante esquejes de verano o por estolones.

Celmisia spectabilis subsp. *magnifica*
☼ ☀ ❄❄❄ ● **A/E** 30 cm
Estas plantas prefieren un clima fresco y húmedo pero es posible cultivarlas en zonas más cálidas y secas siempre y cuando el suelo esté enriquecido con materia orgánica y nunca se anegue. Las rosetas perennes de largas hojas argénteas se ven acompañadas por robustos tallos que llevan grandes inflorescencias blancas compuestas, con centros amarillos, principalmente durante el verano. Divida las rosetas en primavera.

Enkianthus campanulatus 🏆
☼ ☀ ❄❄❄ ● **A** 2,5–3 m
Tan importante es proporcionar frescor y humedad a sus raíces como un suelo ácido. En estas condiciones crecerá bien, formando masas de hojas debajo de las cuales, a principios del verano, colgará un prolífico despliegue de delicadas flores acampanadas que, de color crema con las venas rosadas, poseen forma de conchas. Obtenga los esquejes en verano.

Gaultheria mucronata 🏆
☼ ☀ ❄❄❄ ●
A/E 90–120 cm
Estos densos arbustos matosos tienen un aspecto un poco surrealista cuando se recubren de las bayas redondas de color blanco, rosa o púrpura, a partir de las cuales se propagan. Éstas siguen a pequeñas flores con forma de urna, de color blanco o con tintes rosados, que se abren a principios del verano. Para conseguir frutos se necesitan las variedades masculinas y las femeninas, por lo general un macho con un grupo de hembras. El follaje brillante también resulta bonito. Se propaga mediante esquejes en verano.

Gentiana sino-ornata 🏆
☀ ❄❄❄ ● **A** 5–7 cm **E** 15–30 cm
Cultivar grandes alfombras de *Gentiana* proporciona una visión soberbia en plena floración. Esta especie posee un follaje lineal

CREAR UN MACIZO ÁCIDO

Es posible cultivar plantas acidófilas incluso en jardines con un suelo poco adecuado si se crea un macizo especial para ello.

Escoja un lugar ligeramente umbrío, si es posible contra un muro frío, y construya un macizo elevado de unos tres ladrillos de altura. Excave un hoyo de unos 30 cm de profundidad en un suelo neutro (si es calcáreo extraiga un poco más) y forre la base con una tela de politeno perforada con agujeros para permitir el drenaje. Ponga piedras libres de limo y escombros en la base para mejorar el drenaje y rellene con tierra superficial neutra que contenga una gran cantidad de mantillo de hojas, acículas de pino y sustrato. Déjelo asentar y añada más materia orgánica antes de plantar.

Enkianthus campanulatus

Gaultheria mucronata «Stag River»

◁ LAS ENORMES CABEZAS *compuestas de* Celmisia spectabillis *son muy duraderas y vistosas. Un bancal elevado puede enriquecerse con una capa de hojas secas para crear un lugar húmedo y ligeramente ácido donde enraizar.*

herbáceo, contra el cual brillan las flores azules en otoño. A no ser que las condiciones naturales del jardín sean frescas y húmedas, sitúela en una zona con sombra ligera y asegúrese de que el suelo está húmedo y enriquecido con materia orgánica. Propáguela mediante división o vástagos con raíces en primavera.

Grevillea rosmarinifolia 🏆
☼ ❄❄ ● **A/E** 2,2 m
Escoja una posición resguardada para que este arbusto australiano de aspecto exótico tolere la sequía, y probará su resistencia sobre suelos bien drenados. El mío empieza a florecer a principios de primavera y continúa sin problemas durante el verano, momento en que se empiezan a formar nuevos capullos. Las flores son de un color rojizo rosado, con estilos curvados y prominentes como antenas. Tome esquejes en verano y ahueque la planta para reducir su tamaño tras la floración.

Kalmia latifolia 🏆
Kalmia, laurel americano; C: kàlmia
☀ ❄❄❄ ● **A/E** 1,8–3 m
Este denso arbusto, amante de suelos ácidos, prefiere un ambiente fresco y húmedo, que se le ha de proporcionar si se desea que crezca saludable y hasta su máxima altura. Desde finales de la primavera al verano, los capullos florales son de color rosa oscuro y se abren dando paso a flores rosas con forma de cuenco y estambres pálidos que llevan polen negro. Es una buena planta de bosque y se resiente si se cultiva en un recipiente. Propáguela por esquejes de verano o por estolones.

Meconopsis grandis 🏆
☀ ❄❄❄ ○ **A** 60–120 cm **E** 60 cm
Un entorno fresco y húmedo en un lugar de suelo rico y bien drenado es lo más parecido al hábitat del Himalaya, que es de donde procede esta vivaz. En estas condiciones, las plantas crecerán altas y saludables, pero en un clima cálido y seco, por lo general son enanas y de vida corta. Presenta amplias rosetas de hojas peludas y despampanantes flores azules con anteras naranjas que se abren a principios del verano. Crecen a partir de semillas frescas.

Kalmia latifolia «Clementine Churchill»

Pieris «Forest Flame» 🏆
Andrómeda; C: andrómeda
☼ ☀ ❄❄❄ ● **A** 2,2–3,5 m **E** 1,8 m
Los luminosos brotes de este arbusto son vulnerables a las heladas de primavera, por lo que es conveniente situarlo cuidadosamente. Las hojas, al madurar, se vuelven rosadas, crema y finalmente verdes. Las blancas flores se disponen en panículas colgantes a mediados y finales de la primavera. Plántelo en un suelo bien drenado y nutrido por mucha materia orgánica, protegido del viento. Los esquejes de invierno son todo un desafío.

ARBUSTOS AMANTES DE SUELOS ÁCIDOS

Camellia japonica «Doctor Tinsley» 🏆 ●
Crinodendron hookerianum 🏆 ●
Corylopsis pauciflora ○
Cornus florida ○ (cornejo)
Disanthus cercidifolius 🏆 ○
Embothrium coccineum ●
Fothergilla major 🏆 ○
Hamamelis vernalis «Sandra» ○
Illicium anisatum ●
Rhododendron «Sappho» 🏆 ●
Styrax wilsonii ○
Vaccinium corymbosum 🏆 ●

Plantas para suelos calcáreos

Cistus x *purpureus*

A menudo se cree que los suelos calizos representan una desventaja, pero lo cierto es que existe un gran número de hermosas plantas que florecen incluso sobre una fina capa de suelo sobre un terreno calcáreo. Añada a este tipo de suelo una gran cantidad de materia orgánica para ayudar a que las plantas puedan establecerse rápidamente, así como para conservar la humedad. Para un jardinero que no haya trabajado antes con este tipo de suelo es de vital importancia que compruebe la tolerancia de cada especie antes de comprarla o intentar plantarla.

Clematis «Huldine»
Clemátide; C: clemàtide
☼ ☀ ❄❄❄ ◌ **A** 3–4,5 m **E** 1,8 m
Como el resto del grupo de las clemátides, la variedad «Huldine» crece bien en suelos calcáreos. Pequeñas pero en gran número, las flores blancas con reversos malvas nacen en verano. Plántela a gran profundidad en otoño y abónela bien a finales de la primavera y principios del verano. Pódela hasta el nivel de los tallos leñosos viejos en invierno.

Cistus x *purpureus* 🏆
Jara; C: estepa
☼ ❄❄ ● **A/E** 90 cm
En suelos bien drenados, las jaras deben demostrar su resistencia. Sus tallos pegajosos son aromáticos a pleno sol y están tachonados durante todo el verano de flores de color rosa profundo con aspecto de pañuelos de papel. Cada pétalo está marcado en la base por una mancha marrón oscura. Propáguela mediante esquejes de verano. Los arbustos desordenados pueden podarse a principios de la primavera, pero no corte los tallos leñosos viejos.

Cornus mas

Cornus mas 🏆
Cornejo macho; C: sanguinyol, corneller mascle; E: zuandurra; G: sangomiño
☼ ☀ ❄❄❄ ◌ **A/E** 4,5 m
Cultivado como un arbusto grande o como un árbol pequeño, el cornejo macho varía en altura en función de la profundidad y la fertilidad del suelo. Las hojas, de 10 cm de longitud, se vuelven rojas y púrpuras en otoño, antes de caer, y las ramas se iluminan a finales de invierno cuando se abren los grupos de pequeñas y aromáticas flores amarillas. En verano éstas se convierten en frutos rojos comestibles. Propáguelo mediante semillas o esquejes de verano.

Erysimum cheiri «Blood Red»
Alhelí amarillo; C: violer groc
☼ ❄❄❄ ● **A/E** 45 cm
Es una vivaz de vida corta tratada como una bienal. Siémbrela directamente en el suelo a

△ **SITUADO EN EL INTERIOR** *del dosel protector de otros árboles,* Magnolia x loebneri *«Leonard Messel» tiene un aspecto magnífico cuando en primavera aparece adornada con sus inflorescencias estrelladas.*

SELECCIÓN DE PLANTAS TOLERANTES A LA CAL

Buddleja davidii «White Profusion» ♀ ◯
Cytisus x *kewensis* ♀ ●
Dianthus cvs
Eremurus stenophyllus ◯
Euonymus alatus ♀ ◯
Fuchsia «Genii» ♀ ◯
Helianthemum «Fire Dragon» ♀ ●
Hibiscus syriacus «Oiseau Bleu» ♀ ◯
Lilium candidum ♀ ◯
Syringa vulgaris «Madame Lemoine» ♀ ◯

Paeonia mlokosewitschii

Papaver orientale «Beauty of Livermere»

finales de la primavera y plántela en el exterior en otoño para disfrutar de sus aromáticas flores la primavera siguiente. Como alternativa, puede comprar plantas con raíces en otoño. Esta variedad cultivada presenta una floración de color rojo oscuro y combina bien con los pensamientos, los tulipanes y los narcisos en arriates o macetas.

Hypericum «Rowallane» ♀

Hipérico, hierba de san Juan

☼ ☀ ❄❄❄ ◐ **A** 1,8 m **E** 90 cm

Escoja un lugar resguardado para este arbusto, que le recompensará produciendo un magnífico despliegue de luminosas flores de un tono amarillo dorado de 5-8 cm de anchura, desde finales del verano hasta el otoño. Las flores tienen forma de taza y están decoradas con estambres prominentes. Elimine los tallos viejos en primavera y propáguela mediante esquejes de verano.

Magnolia x *loebneri* «Leonard Messel» ♀

Magnolia; C: magnòlia

☼ ☀ ❄❄❄ ◯ **A** 8 m **E** 6 m

Una simple mirada a las flores de color rosa liláceo pálido de esta especie en primavera revela que está emparentada con *M. stellata*. Plántela en suelos húmedos para que este pequeño árbol o gran arbusto pueda mostrar todo su potencial. Podarla no es una buena idea, por lo que tenga en cuenta su tamaño al plantarla.

Paeonia mlokosewitschii ♀

☼ ☀ ❄❄❄ ◯ **A/E** 90 cm

Esta elegante vivaz herbácea produce tallos erectos de atractivo follaje dividido, de color verde azulado, y flores amarillas con forma de cuenco que se abren a finales de la primavera e inicios del verano. Como el resto de las peonías, asegúrese de que las coronas no estén enterradas más de 2,5 cm o podrían no florecer de una forma adecuada. Propáguela por división en otoño, teniendo cuidado de no dañar las raíces.

Papaver orientale «Beauty of Livermere» ♀

Amapola; C: rosella; E: lobedarr; G: papoula

☼ ❄❄❄ ◯ **A** 90–120 cm **E** 90 cm

Las numerosas variedades cultivadas de esta herbácea vivaz de floración estival son resistentes a la sequía y adecuadas para suelos calizos. Ésta presenta flores de 10-15 cm de anchura, compuestas por grandes pétalos sedosos de color rojo con una mancha negra en la base de cada uno de ellos. Proporciónele un soporte y propáguelo por división en primavera u otoño, o mediante esquejes radicales a finales del otoño.

Romneya coulteri ♀

☼ ❄❄ ◯

A/E 1–1,8 m

Se trata de vivaces que tanto pueden sobrevivir y colonizar el terreno como morir en poco tiempo. Plántela con la protección que proporciona un muro cálido y soleado en un suelo bien drenado, aunque hay historias de colonias invasoras que han desplazado los suelos de los edificios con las raíces. Los tallos portadores de hojas de un verde grisáceo presentan en verano flores blancas con estambres dorados. Propáguela mediante esquejes radicales de 8-10 cm de longitud en primavera.

Scabiosa caucasica «Clive Greaves» ♀

Escabiosa; C: escabiosa caucàsica

☼ ❄❄❄ ◐

A/E 60 cm

Atractiva para las abejas y las mariposas, e ideal para formar ramos, las grandes flores de color lavanda de esta planta son de una gran belleza. Nacidas a mediados y finales del verano, las cabezuelas florales tienen una anchura de 8 cm y centros de un color más pálido. Las plantas jóvenes pueden resultar difíciles de establecer, así que asegúrese de que no queden cubiertas por otras plantas en el arriate. Divida las plantas establecidas o tome esquejes basales en primavera.

CLAVE: ♀ *galardonadas* ☼ *sol* ☀ *semisombra* ✹ *sombra* ❄ *semirresistentes* ❄❄ *resistentes a heladas* ❄❄❄ *totalmente resistentes* ◯ *caduca* ● *perenne* ◐ *semiperenne* **A** *altura* **E** *envergadura*

AGRADECIMIENTOS

Los editores y los autores agradecen a las siguientes personas su colaboración en la creación de este libro: **P. Mitchell**, **R. Hills** y **Victoria Sanders** por permitirnos fotografiar sus jardines; **Paul Elding** y **Stuart Watson** de BOURNE VALLEY NURSERIES, Addlestone, Surrey, por sus consejos, materiales y estudio; y a **John Swithinbank** por todo el apoyo y ánimo que dio a Anne.

CRÉDITOS DE LAS FOTOGRAFÍAS

CLAVE: s = superior; i = inferior; iz = izquierda; d = derecha; c = centro; D = diseñador; J = jardín.

A-Z BOTANICAL COLLECTION: **Anthony Cooper** 26iiz; **Terence Exley** 54iiz; **Jiri Loun** 54s; **Adrian Thomas Photography** 62s.

Neil Campbell-Sharp: 10iiz; J: Tintinhull 26id; J: Westwind 28sd, 31s, J: Applecourt, Hants 35iiz; J: Pictons 44i; J: Barrington Court, Somerset 45s; 45id, J: Marwood Hill 55siz; J: Bosvigo 58iiz; J: Westwind 59iz, J: Homecourt 66i, J: Tintinhul 67id.

Andrew Lawson: 6iiz, 7s, 36s, 53s, 57iiz, 58s, 58id, 65s, 67s, 68iiz.

Jacqui Hurst: 41siz.

PHOTOS HORTICULTURAL PICTURE LIBRARY: 6s, 11, 27iz, 29sd, 30i, 37ic, 48id, 53iiz, 54id, 55d, 56 todas, 57s, 59d, 60i.

DEREK ST. ROMAINE PHOTOGRAPHY: 51s.

THE GARDEN PICTURE LIBRARY: **David Askham** 32i; **Chris Burrows** 44sd, 49siz; **Brian Carter** 9i, 10id, 12i, 15id, 31id, 34id, 37id, 73iiz, 77d; **Densey Clyne** 52i; **Kathy Charlton** 15ic; **Jack Elliot** 26ic; **Ron Evans** 13iiz, 18d, 19i. **Christopher Fairweather**: 13id, 15s, 38ic, 63siz, 71iiz; **John Glover** 8i, 10ic, 17iiz, 17ic, 18iiz, 21i, 23iiz, 24id, 28iz, 31iiz, 33id, 34iiz, 33s, 40s, 44id, 46iiz, 46s, 47d, 49sd, 53id, 62iiz, 67id, 68s, 68id, 70iiz, 73id, 74s, 75i, 76id; **Sunniva Harte** 50ic; **Marijke Heuff** 38id, 50id; **Neil Holmes** 14 todas; 17id, 19siz, 20s, 23i, 32siz, 45iiz, 64id; **Jacqui Hurst** 31ic, 38iiz; **Roger Hyan** 48iiz; **Lamontagne** 51i, 61iz, 73siz, 85s; **Jane Legate** 28i; **Mayer/Le Scanff** 6ic, 8s, 33iiz, 36iiz, 71id; **Sidney Moulds** 43id; **Clive Nichols** 9s, 21s, 64iiz, 65iiz, 74id; **Marie O'Hara** 39iz; **Jerry Pavia** 41sd, 43iiz, 76iiz; **Laslo Puskas** 53ic; **Howard Rice** 26s, 34ic, 36ic, 36iiz, 37iiz, 40iiz, 47c, 50s, 50id, 62d, 63sd, 64siz, 69s, 77iz; **David Russel** 65id; **Stephen Robson** 24sd; **Gary Rogers** 33s; **JS Sira** 15iiz, 17s, 23id, 25id, 41i, 43sd, 44id, 46id, 47iz, 50iiz, 74iiz; **Friedrich Strauss** 61d; **Brigitte Thomas** 22sd; **Juliette Wade** 76siz; **Mel Watson** 37 todas, 72; **Steven Wooster** 25iiz, 42sd.

Steve Gorton: 6id, 7i, 12s, 13s, 16d, 18siz, 19sd, 22siz, 30s, 36s, 39d, 48s, 49iiz, 49id, 55iiz, 57id, 60s, 63i, 69i, 70s, 71sd.

Peter Anderson: 16iz, 20i, 24iiz, 24ic, 27d, 29iiz, 29id, 32d, 35id, 71siz.